341.242
LEC
SCD UNIVERSITE AVIGNON
AF853589

Yannick Lécuyer

L'essentiel *de la* Convention européenne des droits de l'Homme

1re édition

2019 2020

BIBLIOTHEQUE UNIVERSITAIRE AVIGNON

Gualino une marque de Lextenso

LES CARRÉS

Cette collection de livres présente de manière synthétique, rigoureuse et pratique l'ensemble des connaissances que l'étudiant doit posséder sur le sujet traité. Elle couvre :
- le Droit et la Science Politique ;
- les Sciences économiques ;
- les Sciences de gestion ;
- les concours de la Fonction publique.

Yannick Lécuyer est Maître de conférences HDR à l'Université d'Angers et collaborateur de la fondation René Cassin.

Du même auteur, chez le même éditeur

Collection « En poche »

- *Régime des Libertés et Droits fondamentaux*, 3e éd. 2018-2019.
- *Libertés et Droits fondamentaux*, 3e éd. 2018-2019.
- *Convention et Cour européennes des droits de l'Homme*, 1re éd. 2015-2016.
- *CESDH, article par article*, 1re éd. 2015-2016.

DANGER
LE PHOTOCOPILLAGE TUE LE LIVRE

© Gualino éditeur, Lextenso éditions 2019
70, rue du Gouverneur Général Éboué
92131 Issy-les-Moulineaux cedex
ISBN 978 - 2 - 297 - 07080 - 5
ISSN 1288-8206

Suivez-nous sur

PRÉSENTATION

Cet ouvrage nourrit l'ambition de **présenter** synthétiquement et le plus clairement possible les points clés du **système de protection instauré par la Convention européenne des droits de l'homme et des droits qu'elle protège**.

L'affirmation relève presque du truisme : le droit de la Convention européenne des droits de l'homme irrigue la plupart – pour ne pas dire l'intégralité – des contentieux et des branches du droit national. C'est aujourd'hui plus du quart des décisions des juridictions supérieures qui est rendu au visa de ce texte. Subséquemment, la saisine du juge de Strasbourg tend à se banaliser. Les praticiens du droit ne peuvent plus faire l'économie d'une connaissance et d'une certaine maîtrise de cette branche du droit.

L'ouvrage s'adresse à ces derniers ainsi qu'aux étudiants inscrits en droit, en administration économique et sociale, en administration publique, dans les instituts d'études juridiques ou politiques. Il intéressera particulièrement ceux qui suivent un cours de libertés fondamentales ou envisagent de se spécialiser en droit et contentieux de la Convention européenne des droits de l'homme.

SOMMAIRE

Présentation **3**

Introduction – Présentation générale **15**

1 – Les Hautes Parties contractantes ***15***

2 – L'adoption de la Convention européenne des droits de l'homme ***17***

- *L'influence philosophique* 18
- *L'influence historique* 18
- *L'influence textuelle* 19

3 – L'institution d'un système régional de protection des droits de l'homme ***19***

4 – Bilan ***20***

- *L'histoire d'un succès* 20
- *Les critiques* 22

SOMMAIRE

PARTIE 1
Le système de protection

Chapitre 1 – Un système évolutif 27

1 – Les protocoles procéduraux 27

2 – Le règlement de procédure de la CEDH 29

Chapitre 2 – Principes et fondements du système 31

1 – Le caractère objectif de la Convention 31

2 – La subsidiarité du mécanisme conventionnel de sauvegarde des droits 33

- *La reconnaissance du principe de subsidiarité* 33
- *Les justifications du principe de subsidiarité* 34
- *Les marques de la subsidiarité* 34

3 – L'affirmation d'un ordre public européen 35

Chapitre 3 – La Cour européenne des droits de l'homme 37

1 – Une institution du Conseil de l'Europe 37

2 – Le rôle de la Cour européenne des droits de l'homme 38

3 – La composition de la CEDH 39

4 – Les formations de la CEDH 40

- *Les formations administratives* 40
- *Les formations contentieuses* 40

5 – La compétence de la CEDH 41

- *La compétence territoriale* 41
  - a) Les territoires dépendants 42

b) L'effet extraterritorial de la Convention européenne des droits de l'homme 42
■ *La compétence personnelle* 43
■ *La compétence temporelle* 44
■ *La compétence matérielle* 45
a) Les protocoles normatifs 45
b) La jurisprudence de la Cour 46

Chapitre 4 – La procédure devant la CEDH 47

1 – La saisine ***47***
■ *Le caractère absolu de la saisine* 47
■ *Le requérant* 48
a) Le recours interétatique 48
b) Le recours individuel 49
■ *La victime* 50
a) La victime directe 50
b) La victime potentielle 51
c) La victime indirecte 51
d) La perte de la qualité de victime 52
e) Le décès de la victime 52

2 – Les « accessoires » procéduraux ***52***
■ *Les mesures provisoires* 52
■ *La tierce intervention* 53
■ *La procédure des arrêts pilotes* 54
■ *Le règlement amiable* 55

3 – Les conditions de recevabilité de la requête ***56***
■ *L'épuisement des voies de recours interne* 56
■ *Le délai de 6 mois* 57
■ *Les conditions propres aux requêtes individuelles* 58
a) Les requêtes irrecevables par principe 58
b) Les requêtes irrecevables en raison de leur contenu 59

SOMMAIRE

Chapitre 5 – Le contrôle opéré par la Cour 61

1 – Les différentes ingérences prévues par la Convention ***61***

- *Les restrictions aux droits* 61
  - a) Les sources des restrictions 61
  - b) Les éléments du contrôle des restrictions 62
  - c) La limitation de l'usage des restrictions 64
- *Les exceptions aux droits* 65
- *Les dérogations aux droits* 66

2 – Les stratégies d'approfondissement et d'amplification du contrôle ***68***

- *Les obligations positives* 68
- *L'autonomie des notions* 69
- *Les droits déduits et les droits implicites* 69
- *Les techniques d'interprétation* 70

Chapitre 6 – L'exécution des arrêts européens 71

1 – L'autorité des arrêts ***71***

2 – Les voies de recours ***72***

3 – La portée des arrêts ***72***

- Restitutio in integrum *et satisfaction équitable* 72
- *Les mesures d'exécution* 73

4 – Le rôle du Comité des ministres ***74***

Chapitre 7 – L'influence de la Convention européenne des droits de l'homme 77

1 – L'influence sur le droit interne ***77***

2 – L'influence sur le droit de l'Union européenne ***78***

3 – L'influence sur les autres mécanismes de protection régionaux des droits de l'homme ***80***

PARTIE 2
Les droits protégés

Chapitre 8 – Les droits de l'intégrité 83

1 – Le droit à la vie (Conv. EDH, art. 2, 1P6 et 1P13) ***83***

- *Les contours du droit à la vie* 83
  - a) Le début de la vie 83
  - b) La fin de la vie 84
- *Les limites du droit à la vie* 85
  - a) Le recours à la force meurtrière par l'État 85
  - b) La neutralisation de la peine de mort 85
- *La responsabilité de protéger la vie des individus* 86

2 – L'interdiction de la torture, des peines et traitements inhumains ou dégradants (Conv. EDH, art. 3) ***87***

- *La distinction entre torture, peines et traitements inhumains ou dégradants* 87
- *La responsabilité de protéger l'intégrité physique des individus* 88
- *La protection de l'intégrité physique des personnes vulnérables* 89
  - a) Les personnes en détention 89
  - b) Les étrangers 90
  - c) Les femmes 91
  - d) Les mineurs 91
  - e) Les personnes âgées 91

3 – L'interdiction de l'esclavage, du travail forcé et de la servitude (Conv. EDH, art. 4) ***92***

- *La distinction entre esclavage, travail forcé et servitude* 92
- *Les exceptions à l'interdiction du travail forcé ou obligatoire* 93
- *Un terrain d'application privilégié des obligations positives* 94

SOMMAIRE

Chapitre 9 – Les droits procéduraux 95

1 – Le droit à un procès équitable (Conv. EDH, art. 6) 95

- *Le champ d'application du droit à un procès équitable* 95
  - a) Le volet civil de l'article 6, § 1 96
  - b) Le volet pénal de l'article 6, § 1 97
- *Les limites du droit à un procès équitable* 98
- *Les exigences générales du procès équitable* 99
- *Les droits de la défense et la présomption d'innocence* 99

2 – Le principe de légalité des peines (Conv. EDH, art. 7) 101

- *Le champ d'application de l'article 7* 101
- *Les qualités de la loi pénale* 103
  - a) La clarté 103
  - b) La prévisibilité et l'accessibilité 103
- *Le principe de non-rétroactivité* 104
- *Les principes généraux de droit reconnus par les nations civilisées* 104

3 – Le droit à un recours effectif (Conv. EDH, art. 13) 105

- *La notion de recours effectif devant une instance nationale* 105
- *L'autonomisation du droit à un recours effectif* 106
- *L'épuisement des voies de recours interne* 106

4 – Le droit à un double degré de juridiction en matière pénale (Conv. EDH, art. 2P7) 107

5 – Le principe non bis in idem (Conv. EDH, art. 4P7) 108

Chapitre 10 – Les droits à la liberté 109

1 – Le droit à la liberté et la sûreté (Conv. EDH, art. 5 et art. 2P4) 109

- *La distinction entre liberté et liberté de circulation* 109
- *La privation de la liberté* 110
  - a) La légalité et la régularité de la privation de libertés 110
  - b) Les hypothèses de privation de liberté 111
- *Les garanties procédurales en cas d'arrestation ou de détention* 113

2 – La liberté de pensée, de conscience et de religion (Conv. EDH, art. 9 et art. 2P1) ***114***

- *Les dimensions interne et externe de la liberté de pensée, de conscience et de religion* 114
- *L'obligation de neutralité de l'État* 115
- *Le contrôle des ingérences* 117

3 – La liberté d'expression (Conv. EDH, art. 10) ***118***

- *Les éléments de la liberté d'expression* 119
- *La liberté de la presse* 120
- *Le contrôle des ingérences* 121

4 – La protection de la propriété (Conv. EDH, art. 1P1) ***124***

- *Les trois normes* 124
  - a) La première norme : la substance du droit de propriété 124
  - b) La deuxième norme : la privation de propriété 124
  - c) La troisième norme : la réglementation de l'usage du bien 125
- *L'extension du champ d'application de l'article 1er du protocole n° 1* 125
  - a) L'autonomisation de la notion de « biens » 126
  - b) La socialisation de la notion de bien 126
  - c) La théorie de l'espérance légitime 127
  - d) Le droit à l'indemnisation du préjudice subi 127

Chapitre 11 – Les droits de l'intimité 129

1 – Le droit au respect de la vie privée et familiale, du domicile et des correspondances (Conv. EDH, art. 8) ***129***

- *L'interprétation extensive des droits protégés* 129
  - a) La notion de « vie privée » 129
  - b) La notion de « vie familiale » 131
  - c) Le « domicile » 132
  - d) Les « correspondances » 133
- *Le contrôle des ingérences* 134
- *Le creuset des obligations positives* 135

2 – Le droit au mariage (Conv. EDH, art. 12) ***136***

SOMMAIRE

Chapitre 12 – Les droits de l'action sociale et politique **139**

1 – La liberté de réunion pacifique et d'association (Conv. EDH, art. 11) ***139***

- *La liberté de réunion pacifique* 139
- *La liberté d'association* 140
  - a) Le contenu de la liberté d'association 141
  - b) La liberté syndicale 141
  - c) La liberté des partis politiques 142
- *Le contrôle des ingérences* 142

2 – Le droit à des élections libres (Conv. EDH, art. 3P1) ***144***

- *L'existence d'un droit subjectif limité* 144
- *La synergie du droit à des élections libres avec les droits de nature politique* 146

Chapitre 13 – Les droits de l'étranger **149**

1 – L'interdiction des expulsions collectives d'étrangers (Conv. EDH, art. 4P4) ***150***

2 – Les garanties procédurales en cas d'expulsion (Conv. EDH, art. 1P7) ***151***

Chapitre 14 – Égalité et non-discrimination **153**

1 – L'interdiction de la discrimination (Conv. EDH, art. 14 et art. 1P12) ***153***

- *Les sources conventionnelles de l'interdiction* 153
- *Le contrôle des discriminations* 154
- *Le régime de la preuve* 155
- *L'extension du champ d'application de l'article 14 de la Convention européenne des droits de l'homme* 156
- *La discrimination positive* 157

2 – L'égalité entre époux (Conv. EDH, art. 5P7) ***157***

Bibliographie **159**

Liste des abréviations

APCE	Assemblée parlementaire du Conseil de l'Europe
Cass.	Cour de cassation
CE	Conseil d'État
CEDH	Cour européenne des droits de l'homme
CEE	Communauté économique européenne
CIDH	Cour interaméricaine des droits de l'homme
CJCE	Cour de justice des Communautés européennes
CJUE	Cour de justice de l'Union européenne
Comm. EDH	Commission européenne des droits de l'homme
Cons. const.	Conseil constitutionnel
Conv. EDH	Convention de sauvegarde des droits de l'homme et des libertés fondamentales (« Convention européenne des droits de l'homme »)
DUDH	Déclaration universelle des droits de l'homme
PIDCP	Pacte international relatif aux droits civils et politiques
QPC	Question prioritaire de constitutionnalité
Règl. procédure CEDH	Règlement de procédure de la Cour européenne des droits de l'homme
TFUE	Traité sur le fonctionnement de l'Union européenne
TUE	Traité sur l'Union européenne
UE	Union européenne

Présentation générale

Introduction

Actuellement signée et ratifiée par 47 États, la Convention de sauvegarde des droits de l'homme et des libertés fondamentales, dite « Convention européenne des droits de l'homme », est la ***raison originelle et essentielle de l'existence du Conseil de l'Europe****.*

1 Les Hautes Parties contractantes

Adoptée le 4 novembre 1950 par les ***membres fondateurs du Conseil de l'Europe*** (Belgique, Danemark, France, Irlande, Italie, Luxembourg, Norvège, Pays-Bas, Royaume-Uni et Suède) ralliés par l'Allemagne, la Grèce, l'Islande et la Turquie, la Convention est entrée en vigueur le 3 septembre 1953.

Paradoxalement, ***la France ne la ratifiera qu'en 1974*** et ce n'est qu'en 1981, sous l'impulsion de Robert Badinter, qu'elle autorisera ses ressortissants à déposer directement une requête à Strasbourg. Les raisons de ce blocage étaient multiples :

- ***politiques*** : la crise algérienne faisait craindre, à juste titre, des condamnations à répétition ;
- ***juridiques*** :
  - crainte que la ratification n'entraîne une modification profonde de la justice pénale et de la procédure pénale,
  - questionnement sur la compatibilité de l'article 2 du protocole n° 1 à la Convention européenne des droits de l'homme (Conv. EDH, art. 2P1) relatif au droit à l'instruction avec le principe français de laïcité,

- compatibilité des articles 5 et 6 de la Convention européenne des droits de l'homme avec les règles de la discipline militaire,
- compatibilité de l'article 10 de la Convention concernant la liberté d'expression avec ce qui était à l'époque le régime de monopole de la radiodiffusion,
- crainte d'un droit de regard sur l'opportunité de la mise en œuvre de l'article 16 de la Constitution de 1958 ;

– ***théoriques et culturels*** : le monisme avec primauté sur la loi par l'article 54 de la Constitution de 1958 battait en brèche l'idée que la loi était la source privilégiée et la plus efficace pour protéger les libertés, sans compter que beaucoup de juristes français nourrissaient la conviction profonde que les mécanismes internes de protection étaient amplement suffisants.

L'espace conventionnel va ensuite s'étendre à l'Autriche (1957), Chypre (1961), Malte (1966), la Suisse (1972), le Portugal (1976) et l'Espagne (1977) – fraîchement libérés des régimes de Salazar et de Franco –, le Liechtenstein (1978), Saint-Marin (1988) et la Finlande (1989). Les trois glorieuses (1989, 1990 et 1991), qui vont voir la chute du rideau de fer et l'***effondrement du bloc soviétique***, vont permettre une ouverture spectaculaire sur les pays d'Europe de l'Est et orientale : Hongrie, Pologne, Bulgarie, Estonie, Lituanie, Slovénie, République tchèque, Slovaquie, Roumanie, Lettonie, Albanie, Moldavie, Ex-République yougoslave de Macédoine, Ukraine, Croatie, Géorgie, Arménie, Azerbaïdjan, et même Russie en 1996. La balkanisation de l'ex-Yougoslavie aboutira à la signature de la Bosnie-Herzégovine, de la Serbie et du Monténégro entre 2002 et 2003. Parallèlement, les micro-États que sont les principautés d'Andorre et de Monaco signeront respectivement la Convention en 1994 et en 2004.

La ***Convention*** permet aujourd'hui la protection des droits de plus de 820 millions de personnes. Sa ratification conditionne l'adhésion au Conseil de l'Europe.

L'Union européenne (UE) s'est engagée à devenir prochainement le 48e membre (TUE, art. 6 : « l'UE adhère à la Convention »). Toutefois, le processus est en panne depuis l'avis 2/13 rendu par la CJUE le 18 décembre 2014 :

– premièrement, il se heurte aux ***ajustements institutionnels et procéduraux*** redoutables, mais surtout ***théoriques***, qui en résulteront. L'Union européenne n'a probablement pas assez anticipé la hiérarchisation *de facto* que l'adhésion va provoquer, sans compter les difficultés liées :
  - à la représentation, le cas échéant, dans les instances du Conseil de l'Europe,
  - à la composition de la Cour,
  - aux modalités de contrôle de conventionnalité du droit de l'UE,
  - à l'adaptation des règles de recevabilité,
  - à la préservation de l'autonomie interprétative de la CJUE concernant le droit de l'UE ;

– deuxièmement, la ***crise économique*** ainsi que la ***montée des nationalismes*** et de l'***euroscepticisme*** ont passablement érodé l'intérêt pour l'aventure européenne et aggravé la défiance des États membres des deux systèmes juridiques. La question de la signature de la Convention par l'UE ne semble plus prioritaire à l'heure où certains États, encouragés par l'exemple du Royaume-Uni, évoquent ouvertement leur volonté de restreindre l'emprise de la première et la possibilité de sortir de la seconde.

Autre candidat possible, la ***Biélorussie*** a bénéficié du statut d'invité spécial entre 1992 et 1997, mais a été suspendue par l'Assemblée parlementaire du Conseil de l'Europe (APCE) pour non-respect des droits de l'homme et des principes démocratiques.

Pour aller plus loin

L'idée d'une adhésion des Communautés puis de l'UE à la Convention est ancienne. À l'origine, les rédacteurs du traité de Rome considéraient que le fait que la CEE poursuive quasi exclusivement des objectifs de nature économique était rédhibitoire. Pour sa part, la CJCE considérait que cela ne pouvait passer que par une modification des traités (*CJCE, avis 2/94, 28 mars 1996*). Toutefois, le Conseil refusait systématiquement de donner l'autorisation à la Commission de négocier un quelconque accord. Suite à l'insertion d'un nouvel article et de la modification de l'article 59 de la Convention européenne des droits de l'homme par le protocole n° 14, un projet d'accord d'adhésion fut élaboré en 2011, mais s'est brisé sur l'avis 2/13 dans lequel la CJUE relève six motifs d'incompatibilités et estime, contre toutes les opinions ou presque, que ce dernier ne reflète pas suffisamment la nécessité de « préserver les caractéristiques spécifiques de l'Union et du droit de l'Union ». En 2016, les exhortations de Jean-Claude Juncker, président de la Commission de l'UE, à ériger l'adhésion en priorité de l'exécutif européen n'ont rien changé.

2 L'adoption de la Convention européenne des droits de l'homme

La Convention n'a pas été rédigée dans un environnement idéologique, philosophique et historique neutre. Elle est marquée par un enchevêtrement d'influences.

L'influence philosophique

Comme l'UE, elle s'inscrit dans le prolongement des théories relatives à la création d'un ***espace européen de paix perpétuelle*** mises en musique pour leur temps par ***Emmanuel Kant***, Jean-Jacques Rousseau ou l'abbé de Saint-Pierre.

Plusieurs hommes ont littéralement porté ces idées dans les deux espaces européens, dont le français Robert Schuman, l'italien Alcide De Gasperi ou le diplomate belge Paul-Henri Spaak. Il s'agit de dresser la seule souveraineté qui vaille face à la souveraineté des États : celle des droits de l'homme et – même si le terme n'apparaît pas explicitement dans la Convention – de la dignité humaine. Pour Pierre-Henri Teitgen, qui devint juge français à la Cour et qui participa à la rédaction de la Convention, « toutes les limites sont permises de ce côté-là ».

Du point de vue des droits énoncés, l'influence est plutôt à rechercher du côté des philosophes des lumières et de leurs précurseurs, au premier rang desquels ***Spinoza***. En effet, le système conventionnel concerne essentiellement des droits et des libertés civils et politiques. Le Conseil de l'Europe a d'ailleurs préféré une charte séparée pour les droits économiques et sociaux, dotée d'une effectivité atténuée. Du côté des modernes, c'est vers ***Karl Popper*** et sa théorie de la « société ouverte » qu'il faut regarder.

L'influence historique

À l'instar de la plupart des initiatives nées après la ***Seconde Guerre mondiale***, la Convention se veut une réponse aux indicibles souffrances qui, aux termes du préambule de la Charte des Nations unies du 26 juin 1945, ont été infligées à l'humanité deux fois en l'espace seulement d'une vie humaine. Comme de nombreux textes relatifs aux droits de l'homme, et selon l'expression consacrée, la Convention est née « sur les cendres d'Auschwitz ».

Le ***contexte de bipolarisation de la guerre froide*** a également joué un rôle dans l'élaboration de la Convention. Il fallait formaliser rapidement l'ancrage de l'Europe de l'Ouest dans le bloc occidental autour des valeurs démocratiques et libérales face au bloc soviétique. L'urgence explique le caractère inachevé de la Convention et le report de certains droits, comme le droit de propriété et le droit à des élections libres, à une reconnaissance ultérieure afin de ne pas retarder l'adoption. Ce contexte a également eu une incidence sur le contenu de la Convention, la focalisation sur les droits civils et politiques, et l'absence remarquée de droits économiques et sociaux. Une Convention séparée sera élaborée par la suite afin de garantir certains de ces droits : la ***Charte sociale européenne***. Celle-ci est par ailleurs dotée de son propre organe de contrôle, le Comité européen des droits de l'homme.

L'influence textuelle

La Convention s'inscrit ***dans le prolongement de la Déclaration universelle des droits de l'homme*** (DUDH) adoptée par l'Assemblée générale des Nations unies le 10 décembre 1948. Le préambule de la Convention s'ouvre d'ailleurs par un renvoi à la Déclaration, « la reconnaissance et l'application universelles et effectives des droits qui y sont énoncés », et s'achève par la résolution des États européens signataires « à prendre les premières mesures propres à assurer la garantie collective de certains des droits énoncés » dans cette déclaration.

Cette limitation à « certains des droits » s'explique par le caractère plus exhaustif de cette dernière. En effet, cette déclaration reconnaît de nombreux droits économiques, sociaux et culturels que les rédacteurs de la Convention ont délibérément exclus. Une convention séparée, la Charte sociale européenne, sera ultérieurement élaborée par le Conseil de l'Europe afin de garantir le respect des droits économiques et sociaux. De plus, le contrôle des obligations imposées par cette Charte ne sera pas confié à la Cour, mais relèvera du Comité européen des droits sociaux spécialement créé pour remplir cette tâche. Étrangement, la jurisprudence européenne est restée assez pauvre en références à la Déclaration universelle. Toutefois, certains droits ont été réinterprétés ou déduits grâce à une interprétation à la lumière du texte onusien, à l'instar de la liberté de ne pas s'associer, expressément mentionnée à l'article 20, § 2 de la Déclaration universelle des droits de l'homme, mais absente de la lettre de l'article 11, § 1 de la Convention européenne des droits de l'homme (*CEDH, 13 août 1981, Young, James et Webster c/ Royaume-Uni*).

Prix Nobel de la paix (1968), juriste de renommée internationale, « fantassin des droits de l'homme » ainsi qu'il aimait lui-même se définir, ***René Cassin incarne physiquement le lien entre les deux textes***. Il a personnellement contribué à la rédaction de la Déclaration universelle des droits de l'homme et allait devenir le premier vice-président de la Cour, puis son premier président français en 1965. En 1973, confronté à l'inertie du gouvernement français pour ratifier la Convention, il menaça de démissionner de la Cour et signa avec cinq autres prix Nobel un appel au chef de l'État afin de mettre un terme à la situation ubuesque.

3 L'institution d'un système régional de protection des droits de l'homme

La Convention n'est innovante ni dans son aspect déclaratif ni dans son caractère régional. À l'échelle universelle, la Déclaration universelle des droits de l'homme la précède de 2 ans. C'est aussi le cas de la Déclaration américaine des droits et des devoirs de l'homme, adoptée lors de la 9e Conférence internationale américaine à Bogota en 1948.

Toutefois, la Convention, de son nom intégral « Convention de ***sauvegarde*** des droits de l'homme et des libertés fondamentales », est un traité international qui consacre non seulement une ***série de droits***, mais aussi un ***système de protection*** afin d'assurer l'effectivité de ces droits. Comme l'intitulé complet l'indique, il s'agit davantage de ***sauvegarder effectivement des droits*** et de faire assurer le respect de leurs obligations par les États que d'en constater simplement l'existence plus ou moins abstraite.

La véritable originalité de la Convention réside dans le choix d'un dispositif juridictionnel : la ***création d'une juridiction internationale compétente pour condamner les États qui ne respecteraient pas leurs engagements*** (article 1er : « Les Hautes Parties contractantes reconnaissent à toute personne relevant de leur juridiction les droits et libertés définis au titre I de la présente Convention »).

Les États fondateurs du Conseil de l'Europe ont manifestement cherché à instaurer un ***système de garantie internationale*** des droits et libertés. Ils acceptent désormais ***de limiter leur souveraineté*** en matière de libertés et de droits fondamentaux au profit d'un système de contrôle extérieur.

4 Bilan

Malgré ses imperfections et quelques atermoiements, l'histoire conventionnelle est celle d'un succès au bénéfice de la cause la plus noble qui soit : l'homme, qui, seul face aux machines étatiques, voit trop fréquemment ses droits les plus fondamentaux bafoués.

■ *L'histoire d'un succès*

À bien des égards, il est possible de considérer que la Cour européenne des droits de l'homme (CEDH) est la seule juridiction internationale à avoir dépassé les ***insuffisances classiques du droit international*** face à la souveraineté des États. La Convention et son juge offrent aux regards l'***exemple le plus abouti de justice internationale***. Son efficacité est éprouvée. Elle a entraîné des effets positifs avérés sur le développement de l'État de droit et de la démocratie en Europe au nom d'un ordre public européen et de la société démocratique.

Le système conventionnel a résisté à la disparition du contexte de guerre froide qui l'avait vu naître. Il a surmonté des crises internationales plus modestes, comme la ***dictature des colonels en Grèce*** entre 1967 et 1974, le ***coup d'État en Turquie*** du 12 septembre 1980, l'***occupation du nord de l'île de Chypre par la Turquie*** puis sa partition en 1983. Il a aussi gagné le pari de l'élargissement qui a transformé le club des démocraties libérales de 1950 en école de la démocratie et des droits de l'homme après les trois glorieuses. Il a enfin su éviter le piège de la concurrence avec l'autre ordre juridique européen en jouant la carte de la complémentarité et de la reconnaissance plutôt que celle de l'opposition ou de l'ignorance.

De nombreux défis restent toutefois à surmonter.

À l'Ouest, la Cour doit faire face à l'***hostilité du gouvernement britannique*** après une querelle de 13 ans à propos du droit de vote inaugurée par l'arrêt *Hirst c/ Royaume-Uni n° 2* du 6 octobre 2005. Suite à l'arrêt *Hassan c/ Royaume-Uni* en date du 16 septembre 2014, ce dernier est également devenu le fer de lance de la contestation de la mise en œuvre de la Convention dans le contexte d'un conflit armé international. En avril 2012, lors de la conférence de Brighton, le Premier ministre britannique David Cameron s'est montré particulièrement virulent à l'égard du système conventionnel ; il a ainsi plaidé pour une réforme de l'institution européenne et un renforcement du caractère subsidiaire du système européen afin que la Cour cesse de réexaminer les décisions nationales « lorsque ce n'est pas nécessaire ». Sa successeure, Theresa May, s'est même déclarée partisane d'une sortie du système conventionnel, avant de revendiquer la simple soustraction des militaires déployés à l'étranger à l'ordre conventionnel.

À l'Est, ***la Fédération de Russie inquiète***. En 2017, plus d'un quart des arrêts rendus par la Cour étaient dirigés contre la Fédération de Russie – l'État le plus condamné en 2013, avec 305 arrêts, dont 293 constatent au moins une violation de la Convention. Plus d'un tiers des arrêts rendus depuis la création de la Cour concernent trois États membres, dont la Fédération de Russie, alors que celle-ci ne participe effectivement au système de protection conventionnel que depuis 1998. Les antagonismes avec ses voisins sont une source importante de violations : Ukraine, Biélorussie, Moldavie, dont elle occupe militairement une partie du territoire, la Transnistrie. On se souviendra aussi de l'inertie de la Douma russe lors du processus de ratification du protocole n° 14 pourtant indispensable à la survie de la Cour. La Russie et l'Azerbaïdjan n'ont même pas signé le protocole n° 13 alors que l'abolition de la peine de mort constitue désormais un préalable à l'adhésion au Conseil de l'Europe (APCE, résolution 1807[2011], 14 avril 2011). *Last but not least*, suite à sa condamnation dans l'affaire *Ioukos* (*CEDH, 20 sept. 2011, OAO Neftyanaya Kompaniya Yukos c/ Russie*), la Fédération de Russie s'est affranchie du respect des arrêts de la Cour lorsque ceux-ci entrent en contradiction avec une norme constitutionnelle, charge à la Cour constitutionnelle de Moscou de le déterminer.

Quant à la France, dans laquelle les voix de nombreux politiques se sont levées pour demander la dénonciation ou la renégociation de la Convention – Marine Le Pen, Nicolas Sarkozy, François Fillon, Pierre Lelouche –, elle s'obstine depuis des années, avec beaucoup d'autres États, à faire obstacle au protocole n° 12 relatif à l'interdiction de la discrimination dans la jouissance des droits prévue par la loi, au motif qu'elle serait dotée d'un arsenal juridique de lutte contre la discrimination suffisamment développé et qu'elle ne souhaite ne pas contribuer à l'engorgement de l'office du juge européen.

Les critiques

La Cour européenne des droits de l'homme prête, par sa nature et par son action, le flanc à des ***attaques persistantes***, quasi ataviques.

La première catégorie de critiques porte sur la ***légitimité du juge européen***. Elle concerne tant sa qualité de « juridiction » et la peur d'un gouvernement des juges à Strasbourg que sa qualité « internationale », qui concentre les préoccupations souverainistes des juristes étatistes préoccupés par la survie de l'objet « État ». La Cour reste un sujet d'incompréhension sans cesse renouvelé pour tous ceux qui refusent de penser le pouvoir du juge européen de « faire » ou de « défaire » le droit sans ménagement pour la hiérarchie des normes.

Ici, l'intérêt des discussions doctrinales se perd parfois dans l'absence de nuance. Quelques auteurs cèdent même à la provocation en évoquant les ***« diktats » d'un juge européen « tyrannique »*** qu'il faudrait sérieusement envisager de supprimer. Paradoxalement, cela dénote une connaissance approximative du système européen de protection des droits de l'homme. En effet, qu'il s'agisse de la recevabilité ou de l'examen au fond, la Cour est une juridiction plutôt réceptive aux arguments étatiques – pour ne pas dire très favorable. Cette tendance s'est d'ailleurs renforcée depuis la dernière décennie. Enfin, quant au déficit démocratique et à la légitimité de la Cour, que dire d'une juridiction émanant d'une organisation d'États démocratiques, fonctionnant sur des principes démocratiques et dont le rôle est de promouvoir les principes et les valeurs démocratiques ? Ces auteurs perdent souvent de vue que ça n'est pas la démocratie qui est jugulée par le système conventionnel, mais le pouvoir de l'État – fut-il démocratique – de violer les droits de l'homme et les droits fondamentaux, c'est-à-dire précisément les valeurs essentielles de la démocratie libérale dont les États européens se prévalent par ailleurs.

La seconde catégorie de critiques se focalise sur le ***volontarisme de la Cour***, son subjectivisme et certains de ses raisonnements acrobatiques qui aboutissent à une ***amplification continue de la portée de la Convention***. Poussée à son paroxysme, elle accouche d'une rhétorique simpliste qui tend à présenter le juge de Strasbourg comme le défenseur exclusif des détenus, des homosexuels, des sadomasochistes et des étrangers. Faut-il s'opposer à la Cour ? Pour Bertrand Mathieu, c'est non seulement possible, mais justifié. Côté droit privé, François Chénedé ou Grégor Puppinck multiplient les bordées assassines à l'encontre d'une juridiction caractérisée, selon le premier, par son « hybris aristocratique » et qui, « tel le clergé et la noblesse d'antan, croit que l'opinion de quelques-uns vaut mieux que celle de tout un peuple ».

Heureusement, le système conventionnel possède aussi ses défenseurs ardents. Dans un entretien accordé au journal *Le Monde* en novembre 2011, l'ancien président de la Cour, Jean-Paul Costa, regrettait ainsi que « l'opinion publique considère parfois que la Cour a plus de tendresse pour les canailles que pour les honnêtes gens, alors qu'il ne s'agit que de protéger les libertés fondamentales ». Robert Badinter, ancien garde des Sceaux puis président du Conseil constitutionnel, pourtant critique avec la Cour – qu'il a parfois qualifiée de « Vatican judiciaire » –, rappelle néanmoins que l'Europe est, grâce au Conseil de l'Europe, la région la plus avancée du monde en matière de droits de l'homme, tant du point de vue de leur proclamation que de leur garantie et de leur effectivité (Sénat, rapport d'information n° 246, 4 mars 2009).

Mais ce qui nuit encore plus gravement au système européen, c'est la méconnaissance de ses spécificités, de son contenu, de ses applications, et parfois même de son existence. Journalistes, étudiants et quelquefois praticiens persistent même à confondre le juge de Strasbourg avec celui du Luxembourg, le droit de la Convention avec celui de l'UE.

Le système de protection

PARTIE 1

Chapitre 1 - Un système évolutif 27
Chapitre 2 - Principes et fondements du système 31
Chapitre 3 - La Cour européenne des droits de l'homme 37
Chapitre 4 - La procédure devant la CEDH 47
Chapitre 5 - Le contrôle opéré par la Cour 61
Chapitre 6 - L'exécution des arrêts européens 71
Chapitre 7 - L'influence de la Convention européenne des droits de l'homme 77

Un système évolutif

Chapitre 1

Le système de protection conventionnel n'a plus grand-chose à voir avec ce qu'il était à l'origine. La Convention a subi de nombreuses mutations depuis son adoption, soit par la voie de protocole additionnel, soit par le truchement du règlement de procédure de la Cour.

1 Les protocoles procéduraux

Les ***protocoles procéduraux*** ont radicalement changé le visage du système procédural. En effet, bien que déjà révolutionnaire en son temps, le système originel restait insatisfaisant à plusieurs égards. La responsabilité du contrôle était partagée entre trois institutions : la Commission européenne des droits de l'homme chargée de connaître de la recevabilité des requêtes, le Comité des ministres et la Cour. Encore fallait-il que les États aient explicitement accepté la juridiction de cette dernière, tandis que le recours individuel était optionnel. Le système était fondamentalement pensé autour du recours interétatique. Les premiers protocoles procéduraux ont permis quelques ajustements.

Le ***protocole n° 2*** (entré en vigueur en 1970) attribue à la Cour la compétence de délivrer des avis consultatifs. Les protocoles n°s 3 et 5 (respectivement entrés en vigueur en 1970 et 1971) modifient certaines modalités techniques relatives au Conseil des ministres.

Le ***protocole n° 9*** (entré en vigueur en 1994), rendu caduc avec l'entrée en vigueur du onzième protocole en 1998, ouvrait aux requérants individuels la possibilité de porter leur cause devant la Cour, sous réserve de l'acceptation de la saisine par un comité de filtrage.

Assurément le plus important, le ***protocole n° 11 juridictionnalise et restructure en profondeur le mécanisme de contrôle***. Il supprime la structure tripartie du contrôle : la Cour devient obligatoire, unique et permanente. Elle connaît elle-même de la recevabilité ; la Commission européenne des droits de l'homme est supprimée et le Comité des ministres privé de toute compétence décisionnelle. Le recours individuel devient automatique, ce qui place officiellement la victime au centre du mécanisme européen de protection des droits de l'homme. Enfin, le protocole n° 11 institue une Grande chambre, avec possibilité de dessaisissement à son profit ou de renvoi après un arrêt rendu en chambre.

Le ***protocole n° 14*** répond à une ***nécessité vitale d'optimiser et d'accélérer le traitement des requêtes*** afin de désengorger l'office du juge européen. La situation est en effet alarmante : la Cour n'arrive plus à suivre le flot des requêtes. En 2010, le nombre de requêtes avoisine les 150 000, pour 1 499 arrêts contre requêtes et 105 arrêts en 1998. En réponse à cette asphyxie, le protocole n° 14 institue le juge unique afin d'écarter les requêtes manifestement irrecevables et prévoit une nouvelle condition de recevabilité, l'existence d'un préjudice important. Ouvert à la signature en 2004, ce protocole n° 14 n'est entré en vigueur qu'en 2010. Le processus a notamment été retardé de 3 ans par la mauvaise humeur de la Douma russe consécutive à une série de condamnations de la Russie dans les « affaires tchétchènes ». Pour sortir de cette impasse, certains États ont rédigé et adopté un ***protocole provisoire n° 14 bis*** dont l'entrée en vigueur n'était pas conditionnée par la ratification de l'ensemble des États parties afin d'éviter la paralysie de la Cour.

Les protocoles n°s 15 et 16 sont parents. Respectivement adoptés le 24 juin 2013 et le 2 octobre 2013 à la suite du cycle de conférences sur l'avenir de la Cour amorcé à Interlaken les 18 et 19 février 2010, ils participent au renforcement de la subsidiarité du système. Le ***protocole n° 15*** introduit d'ailleurs dans le préambule une référence au ***principe de subsidiarité*** ainsi qu'à la ***marge d'appréciation***. Par ailleurs, il ramène à 4 mois, et non plus 6, le délai dans lequel la Cour peut être saisie après la décision nationale définitive qui épuise les voies de recours internes.

Entré en vigueur le 1er août 2018, le ***protocole n° 16*** prévoit quant à lui la possibilité pour les plus hautes juridictions des États parties d'adresser des ***demandes d'avis consultatifs*** à la Cour ; ces demandes portent sur des questions de principe relatives à l'interprétation ou à l'application des droits et libertés définis par la Convention ou ses protocoles. En France, la première demande d'avis a été formulée par la Cour de cassation (*Cass. ass. plén., 5 oct. 2018, n° 10-19053*), devançant de peu celle émise par le Conseil d'État.

Pour aller plus loin

Par un communiqué du 20 décembre 2017, le Conseil constitutionnel se reconnaît compétent pour transmettre une demande d'avis à la Cour. Même si le Conseil avait précédemment accepté de renvoyer une question préjudicielle devant la CJUE (*Cons. const., 4 avr. 2013, n° 2013-314P QPC*), cette position peut surprendre. En effet, si on fait abstraction du contentieux des élections parlementaires, référendaires et présidentielles, le Conseil refuse obstinément d'exercer un quelconque contrôle de conventionnalité (*Cons. const., 15 janv. 1975, n° 74-54 DC, IVG*). Le juge constitutionnel français met en avant « l'intérêt des échanges entre les plus hautes juridictions à l'échelle internationale, et en particulier à l'échelle européenne », bref, se ménage la possibilité d'une interprétation conforme afin d'éviter les conflits de jurisprudence. Bénéfice secondaire, la notion de « hautes juridictions nationales » ne lui a probablement pas échappé. Elle permet tout à la fois de renforcer sa nature juridictionnelle et de réaffirmer sa place au sommet de la hiérarchie juridictionnelle.

2 Le règlement de procédure de la CEDH

Le ***règlement de la Cour*** précise notamment :

- le cadre concernant l'organisation et le fonctionnement de la Cour (mandat des juges, incompatibilité, présidence, greffe...) ;
- le cadre de la procédure (règles générales, urgence, radiation, jonction des requêtes, dessaisissements...) ;
- la structure des décisions et des arrêts.

Adopté par la Cour réunie en assemblée plénière, ce règlement est régulièrement révisé. Sa dernière édition, en date du 19 septembre 2016, est entrée en vigueur le 1er août 2018.

Le règlement de la Cour a substantiellement contribué à faire évoluer de nombreux aspects du contentieux européen des droits de l'homme. La version de 1982 a par exemple permis d'aménager une ***place au requérant individuel***, de deux manières :

- l'article 29, § 1, qui autorisait les délégués de la Commission à se faire assister lors de l'audience par toute personne de leur choix, a servi à intégrer les conseils des requérants (*CEDH, 18 nov. 1970, De Wilde, Ooms et Versyp c/ Belgique*) ;

– l'article 38, § 1, aux termes duquel la Cour pouvait entendre en qualité de témoin ou d'expert, ou à un autre titre, toute personne dont les dépositions, dires ou déclarations lui paraissent utiles à l'accomplissement de sa tâche, permettait quant à lui de faire une place au requérant lui-même (*CEDH, 27 oct. 1975, Syndicat national de la police belge c/ Belgique*). Cet article 38, § 1 permettait déjà, jusqu'à l'entrée en vigueur du protocole n° 11 et dans le silence de la Convention, au président de la Cour de délivrer des autorisations d'intervention.

Ont également été inscrites dans le règlement :

– les mesures provisoires (règl. CEDH, art. 39) ;

– la politique de priorisation des affaires ;

– la technique des arrêts pilotes (règl. CEDH, art. 61).

Principes et fondements du système

Chapitre 2

Le contentieux européen des droits de l'homme est travaillé par deux grands principes – le caractère objectif et la subsidiarité – et une notion cardinale – l'ordre public européen –, tous deux d'origine jurisprudentielle.

1 Le caractère objectif de la Convention

La Convention n'est pas un simple échange d'engagements interétatiques, mais crée des obligations objectives à la charge des États. Le respect de ces obligations ne s'impose pas au titre de contrepartie des droits consentis par les autres États parties, mais à raison des engagements pris directement à l'égard des individus.

La Commission européenne des droits de l'homme a affirmé ce caractère pour la première fois à l'occasion d'une décision *Autriche c/ Italie* du 11 janvier 1961 : « Considérant [...] que les obligations souscrites par les États contractants dans la Convention ont essentiellement un caractère objectif, du fait qu'elles visent à protéger les droits fondamentaux des particuliers contre les empiétements des États contractants plutôt qu'à créer des droits subjectifs et réciproques entre ces derniers ». Cette analyse n'a jamais été démentie par la Cour. Bien au contraire, c'est l'objectivisation et la singularité de la Convention qui sont systématiquement mis en avant (*CEDH, 7 juill. 1989, Soering c/ Royaume-Uni*).

La Cour a confirmé cette analyse à l'occasion de nombreuses affaires. Dans l'arrêt *Irlande c/ Royaume-Uni* du 18 janvier 1978, elle met en exergue le lien entre le ***caractère objectif*** de la Convention et le ***caractère collectif de la garantie*** du système conventionnel, lequel est incarné par le biais du recours interétatique. Les États requérants agissent à la manière d'un procureur dans l'intérêt de la Convention tout entière (*CEDH, 8 juill. 1998, Loizidou c/ Turquie*).

Ce caractère objectif entraîne deux corollaires :

– en premier lieu, ***la Cour désactive le principe de réciprocité des engagements internationaux***. L'application de la Convention par un État partie ne saurait dépendre du comportement des autres Hautes Parties contractantes (*CEDH, 18 janv. 1978, Irlande c/ Royaume-Uni*). Ainsi, dans l'affaire *France, Norvège, Danemark, Suède et Pays-Bas c/ Turquie*, la réserve française à l'article 15, § 1 de la Convention européenne des droits de l'homme n'a pas empêché la France d'agir contre la Turquie, alors que l'affaire portait précisément sur la mise en œuvre de cette disposition suite à la prise du pouvoir par l'armée en 1980. La Commission européenne des droits de l'homme, ancien juge de la recevabilité, estime que « le caractère objectif de la Convention doit également être respecté lorsqu'il s'agit d'une réserve qui, comme ici, concerne le mécanisme de mise en œuvre de la Convention » (*Comm. EDH, 6 déc. 1983, Norvège, Danemark, Suède et Pays-Bas c/ Turquie*) ;

Pour aller plus loin

La non-réciprocité est devenue la marque distinctive des textes internationaux protecteurs des droits humains. L'article 60, § 5 de la Convention de Vienne du 23 mai 1969 sur le droit des traités stipule que la violation par un État partie d'une disposition d'une convention ou d'un traité relatif aux droits de l'homme n'autorise pas les autres parties contractantes à mettre fin au traité ou à en suspendre l'application.

– en second lieu, la Cour se reconnaît compétente pour contrôler la conventionnalité des ***réserves étatiques*** ou des ***déclarations interprétatives*** faites par un État (*CEDH, 29 avr. 1988, Belilos c/ Suisse*). La Cour vérifie que la réserve ne va pas au-delà des dispositions explicitement écartées par la loi (*CEDH, 22 mai 1990, Weber c/ Suisse*) ou qu'il ne s'agit pas d'une réserve de caractère général, c'est-à-dire « rédigée en termes trop vagues ou amples pour que l'on puisse en apprécier le sens et le champ d'application exacts ». S'agissant des déclarations interprétatives, elle cherche à déterminer si elles ne constituent pas en réalité des réserves déguisées.

Pour aller plus loin

L'article 57 de la Convention européenne des droits de l'homme prévoit la possibilité pour les États, au moment de la signature de la Convention ou du dépôt de son instrument de ratification, de formuler des réserves, mais l'assortit de deux limites importantes :
– l'interdiction des réserves de caractère général (Conv. EDH, art. 57, § 1) ;
– l'obligation pour les réserves émises de comprendre un bref exposé de la loi non conforme à la Convention (Conv. EDH, art. 57, § 2).

2 La subsidiarité du mécanisme conventionnel de sauvegarde des droits

Le système de protection mis en place par la Convention repose entièrement sur le principe de subsidiarité.

■ *La reconnaissance du principe de subsidiarité*

C'est à l'État qu'il incombe en premier lieu de garantir le respect de la Convention. Le juge européen n'interviendra que dans l'hypothèse où il a manqué à cette obligation générale inscrite à l'article 1er de la Convention européenne des droits de l'homme : « Les Hautes Parties contractantes reconnaissent à toute personne relevant de leur juridiction les droits et libertés définis au titre I de la présente Convention ». La Cour juge d'ailleurs que, en vertu de cette disposition, la mise en œuvre et la sanction des droits et libertés garantis par la Convention revient au premier chef aux autorités nationales et que le mécanisme de plainte par-devant elle revêt un caractère subsidiaire par rapport aux systèmes nationaux de sauvegarde des droits de l'homme (*CEDH, 29 mars 2006, Scordino c/ Italie n° 1*).

Inscrit dans le ***protocole n° 15*** qui entendent modifier le préambule de la Convention afin de faire apparaître textuellement cette reconnaissance, le principe est d'abord le fruit d'une reconnaissance jurisprudentielle (*CEDH, 23 juill. 1968, Affaire relative à certains aspects du régime linguistique de l'enseignement en Belgique*). La Cour déduit la subsidiarité de la lecture de l'article 1er de la Convention européenne des droits de l'homme combinée avec l'article 19, qui limite la compétence de la Cour au contrôle du respect par les États contractants de leurs engagements. La Convention n'institue aucun pouvoir décisionnel supranational ni pouvoir d'intervention dans les ordres juridiques des États.

Les justifications du principe de subsidiarité

La subsidiarité du mécanisme de protection européen des droits de l'homme se justifie de plusieurs manières :

– premièrement, ***la Convention n'est pas exhaustive***. Elle laisse donc nécessairement un espace d'adaptation aux États ;
– deuxièmement, ***les autorités nationales, en contact direct et permanent avec les forces vives de leur pays***, sont les mieux placées pour évaluer la multitude de facteurs entourant une affaire les concernant ;
– troisièmement, ***le but de la Convention n'est pas l'uniformisation*** du droit des États membres. Cette justification est devenue largement discutable au vu de l'emprise du droit de la Convention et du développement des standards communs, la construction d'un *ius commune*.

Reste alors la justification habituelle de la subsidiarité en droit international, la ***souveraineté étatique***. Les États souverains demeurent les acteurs principaux du système de protection conventionnel des droits de l'homme.

Pour aller plus loin

Principe de ventilation des compétences entre entités fédérées et fédérales dans les États fédéraux, la subsidiarité n'a pas la même signification dans le système conventionnel. Elle ne possède pas non plus la même acception que dans le cadre de l'UE, où elle joue également un rôle central. En effet, l'ordre intégratif de l'UE a accouché d'une ***subsidiarité-concurrence***. Tout au contraire, la subsidiarité telle qu'elle ressort de la jurisprudence de la Cour est une ***subsidiarité-complémentarité***, qui tend à devenir une ***subsidiarité-responsabilité***. Le pouvoir d'intervention de la Cour est limité aux seuls cas où les institutions nationales s'avèrent incapables de protéger effectivement les droits garantis par la Convention, mais la Cour appuie sur l'obligation des États d'en assurer le respect *in primo luogo*.

Les marques de la subsidiarité

La subsidiarité se traduit principalement de deux manières :

– elle constitue tout d'abord la ***cause première de la condition d'épuisement des voies de recours internes***, qui permet précisément aux États de redresser les violations éventuelles sans que l'affaire soit portée à Strasbourg ;

– elle irrigue ensuite l'ensemble du contentieux à travers la ***marge d'appréciation concédée par la Cour aux États***, marge dont l'intégration au préambule de la Convention est elle aussi prévue par le protocole n° 15.

Sous l'angle procédural, d'autres éléments sont susceptibles d'être rattachés à la subsidiarité du mécanisme conventionnel :

– la présence du ***juge élu au titre de l'État défendeur*** dans la chambre de sept juges ou de la Grande chambre ;

– le ***règlement amiable*** ;

– les ***demandes d'avis*** formulées par les hautes autorités juridictionnelles.

3 L'affirmation d'un ordre public européen

Précédée par l'affirmation d'un « ordre public communautaire des libres démocraties d'Europe » (*Comm. EDH, 11 janv. 1961, Autriche c/ Italie*), la notion d'ordre public européen a été consacrée dans l'arrêt *Loizidou c/ Turquie* du 23 mars 1995 afin d'écarter les exceptions préliminaires de la Turquie à propos de la compétence de la Cour.

Dans cet arrêt, la Cour érige même la Convention en « ***instrument constitutionnel de l'ordre public européen*** ». Abus de langage ou identification inespérée, l'emploi du terme « constitutionnel » fit couler beaucoup d'encre sur la nature du système conventionnel. Mal compris, trop polémique, ce mot n'a plus jamais été utilisé par la Cour, à l'exception de la décision *Bankovic et a. c/ Belgique et 16 autres États* du 12 décembre 2001. L'adjectif illustre pourtant parfaitement la coloration constitutionnelle de la justice conventionnelle.

Devenue le ***pivot du contentieux européen***, l'idée d'un ordre public européen découlait déjà du recours interétatique. En effet, celui-ci peut être lu comme une forme d'action publique européenne. L'État requérant agit peu ou prou comme le procureur afin de défendre l'intérêt général de l'ensemble des Hautes Parties contractantes, un ordre public distinct de la simple juxtaposition des ordres publics nationaux, un ordre public à dimension européenne.

La fonction de cet ordre est double :

– sous l'angle procédural, il vise à ***renforcer l'efficacité et l'effectivité du système conventionnel*** grâce à la « nature particulière de la Convention » ;

– sous l'angle substantiel, il permet de ***neutraliser les normes externes*** et les accords internationaux conclus par les Hautes Parties contractantes avec des États tiers dans l'espace qu'il conditionne.

L'ordre public européen est l'ordre d'une Europe institutionnelle vouée intégralement à la protection de valeurs et de libertés fondamentales. La définition de son contenu s'est principalement faite autour des notions de prééminence du droit et de société démocratique. Cette dernière notion, qui suggère à la fois l'idée de société civile et de démocratie, a été dressée en « valeur centrale de l'ordre public européen » (*CEDH, 7 déc. 1976, Kjeldsen, Busk Madsen et Pedersen*). Elle propose une vision libérale, relativiste et ouverte de la démocratie qui commande un équilibre entre les intérêts des minorités et la position dominante de la majorité (*CEDH, 13 août 1981, Young, James et Webster*) et dans laquelle le juge occupe une place centrale.

La Cour européenne des droits de l'homme

Chapitre 3

Malgré les dissensions apparues lors du Congrès de La Haye des 7 au 10 mai 1948, les États participants se sont entendus pour établir une grande charte des droits de l'homme et confier le contrôle de son respect à une juridiction internationale : la Cour européenne des droits de l'homme.

1 Une institution du Conseil de l'Europe

La Cour siège à ***Strasbourg***, à une encablure du Conseil de l'Europe. Cet établissement est un choix politique délibéré afin de symboliser le rapprochement franco-allemand.

L'organisation compte de nombreux organes, dont :

- le ***Comité des ministres***, organe décisionnel composé des ministres des Affaires étrangères des États membres ;
- l'***Assemblée parlementaire***, organe délibérant composé de membres désignés par les parlements nationaux, dont certaines des commissions jouent un rôle primordial (comme la Commission pour la démocratie par le droit ou la Commission contre le racisme et l'intolérance) ;
- le ***Congrès des pouvoirs locaux et régionaux***, organe consultatif représentant les collectivités territoriales ;
- le ***Commissaire aux droits de l'homme*** ;
- la ***Conférence des organisations internationales non gouvernementales*** ;
- le ***Secrétaire général***, placé à la tête du Secrétariat et, de manière générale, du Conseil de l'Europe.

Organe judiciaire du Conseil de l'Europe, institué sur le fondement de la Convention (Conv. EDH, art. 19) et devenu permanent depuis l'entrée en vigueur du protocole n° 11, la Cour est l'une des trois pièces maîtresses de l'architecture institutionnelle de l'organisation, aux côtés de l'Assemblée parlementaire et du Comité des ministres. C'est en tout cas à elle que le Conseil doit sa notoriété et son prestige.

2 Le rôle de la Cour européenne des droits de l'homme

Instituée pour porter les valeurs et les principes du Conseil de l'Europe, la Cour a vu son rôle considérablement évoluer depuis sa première session en 1959. En 2006, le Comité des ministres a donc donné mandat à un Comité d'expert afin qu'il identifie clairement le rôle et les fonctions du juge conventionnel.

En tant que ***texte élaboré dans le cadre du Conseil de l'Europe, la Convention entend en réaliser les objectifs***, notamment ceux énoncés à l'article 1er du statut du Conseil : « Le but du Conseil de l'Europe est de réaliser une union plus étroite entre ses membres afin de sauvegarder et de promouvoir les idéaux et les principes qui sont leur patrimoine commun et de favoriser leur progrès économique et social. »

Le préambule de la Convention revient sur ce but, qu'elle réaffirme et précise : « Considérant que le but du Conseil de l'Europe est de réaliser une union plus étroite entre ses membres, et que l'un des moyens d'atteindre ce but est la sauvegarde et le développement des droits de l'homme et des libertés fondamentales [...] ».

Dans l'esprit des rédacteurs de la Convention, ***le recours interétatique était indubitablement la pièce maîtresse du système***. Il s'agissait d'empêcher les violations systémiques et les plus graves et des droits et libertés énoncés dans la Convention et d'empêcher que les États ne sombrent à nouveau dans les formes de régimes politiques propices à ces violations dont l'Europe venait de faire la terrible expérience. La pratique s'est avérée très différente. Relativement inopérant, il a été ***rapidement éclipsé par le recours individuel***. De plus, les affaires soumises à la Cour n'ont pas été limitées aux dysfonctionnements les plus graves. La Cour a jugé toutes formes de violations, allant d'atteintes graves à des droits intangibles, à des atteintes plus mineures sans incidence sur la qualité démocratique des États défendeurs. Elle a également abordé les grands débats de société, souvent avec une audace mesurée : avortement, euthanasie et suicide assisté, fécondation *in vitro*, gestation pour autrui, homoparentalité, homosexualité, islamisme, négationnisme, prosélytisme, racisme, transsexualisme... Le génome de la Cour s'en est trouvé profondément modifié, si bien qu'elle ne juge plus uniquement les États lorsqu'ils risquent de basculer, mais l'ensemble de leurs comportements.

Pour aller plus loin

En 2006, un ***groupe d'experts*** auprès du Comité des ministres s'est intéressé aux mutations du système conventionnel et distingue désormais deux pôles (rapport [2006]203 du groupe des sages au Comité des ministres, 15 novembre 2006) :

– un ***rôle de « justice individuelle »***, le contrôle de la compatibilité conventionnelle des ingérences étatiques dans les droits et libertés reconnus par la Convention ;

– un ***rôle de « justice constitutionnelle »***, la détermination de principes et de standards communs que toutes les Hautes Parties contractantes doivent respecter.

En marge, de nombreuses réflexions ont été menées sur la constitutionnalisation de l'office du juge européen et sur la formation d'un ordre constitutionnel ou politique européen.

3 La composition de la CEDH

La Cour se compose d'un nombre de juges égal à celui des Hautes Parties contractantes, soit 47 actuellement (Conv. EDH, art. 20).

Élus par l'Assemblée parlementaire à la majorité des voix exprimées, sur une liste de ***3 candidats présentés par l'État*** (Conv. EDH, art. 22) pour un ***mandat de 9 ans non renouvelable*** (Conv. EDH, art. 23), ils doivent jouir de la plus ***haute considération morale*** et réunir les ***conditions requises pour l'exercice de hautes fonctions judiciaires*** ou être des ***jurisconsultes possédant une compétence notoire*** (Conv. EDH, art. 21).

L'Assemblée parlementaire a ajouté plusieurs critères d'éligibilité dans une résolution 1366(2004) adoptée le 30 janvier 2004 :

– la ***compétence des candidats*** ne doit pas être trop restreinte ;

– les candidats doivent posséder la ***maîtrise suffisante d'au moins une des langues*** utilisées devant la Cour, c'est-à-dire le français et l'anglais ;

– les listes doivent comporte au moins ***un candidat de chaque sexe***.

Cette troisième condition a été l'occasion d'une passe d'armes regrettable entre l'Assemblée et le gouvernement de Malte, incapable de désigner une femme compétente pour être juge à la Cour sur son territoire – et même au-delà, puisque les juges n'ont pas à avoir la nationalité de l'État qui les présente. La querelle s'est soldée par un avis consultatif de la Cour, le premier rendu, en date du 12 février 2008. La Cour, tout en soulignant la nécessité de promouvoir la représentation des femmes et l'égalité des sexes, admet que seuls les critères conventionnels s'imposent aux Hautes Parties contractantes.

Les juges siègent à titre individuel et ne peuvent exercer, au cours de leur mandat, aucune activité incompatible avec les exigences d'***indépendance***, d'***impartialité*** ou de ***disponibilité*** requise par une activité exercée à plein temps.

4 Les formations de la CEDH

■ *Les formations administratives*

Sous l'angle administratif, la Cour se divise en deux types de formations :

– l'***assemblée plénière***, qui regroupe l'ensemble des juges. C'est dans ce cénacle que le président, les deux vice-présidents et les présidents des chambres sont élus. C'est aussi elle qui adopte le règlement intérieur de la Cour (Conv. EDH, art. 26) ;
– la Cour se subdivise également en ***cinq sections*** constituées pour une période de 3 ans et dans lesquelles les chambres, formations contentieuses, sont formées. Le règlement de procédure de la Cour prévoit que la répartition doit être géographiquement équilibrée et refléter la diversité des différents systèmes juridiques existant au sein des États (règl. procédure CEDH, art. 24).

■ *Les formations contentieuses*

Sous l'angle contentieux, la Cour comporte quatre types de formations depuis l'entrée en vigueur du protocole n° 14 :

– le ***juge unique*** connaît des requêtes qui ne remplissent manifestement pas l'un des critères de recevabilité. Il peut refuser de statuer et renvoyer l'affaire devant un comité ou une chambre de sept juges pour examen, et ne peut en aucun cas examiner une requête introduite contre l'État au titre duquel il a été élu ;
– le ***Comité de trois juges*** connaît des affaires susceptibles d'être traitées sur la base d'une jurisprudence bien établie. Il peut rendre directement un arrêt à l'issue d'une procédure simplifiée au cours de laquelle la présence du juge de l'État défendeur n'est pas requise. Les procédures interétatiques échappent obligatoirement à cette procédure (Conv. EDH, art. 29) ;
– les ***chambres de sept juges*** sont les formations ordinaires de jugement. Elles incluent pour chaque affaire le président de la section et le juge élu au titre de l'État partie au litige, même si celui-ci n'est pas membre de la section concernée ;

– la ***Grande chambre*** se compose de 17 juges. Formation supérieure de jugement, elle inclut le président de la Cour, ses deux vice-présidents, les présidents de section et le juge élu au titre de l'État partie au litige. Les huit autres juges sont désignés pour chaque affaire par tirage au sort, tout en essayant de garantir un équilibre géographique et un équilibre entre les différents systèmes juridiques des États (règl. procédure CEDH, art. 24). La Grande chambre peut être saisie de deux manières :
  - les chambres peuvent se dessaisir en sa faveur au cours de l'examen de l'affaire si l'affaire soulève une question grave relative à l'interprétation de la Convention ou de ses protocoles (Conv. EDH, art. 30). Elles le doivent si elles envisagent de s'écarter de la jurisprudence existante (règl. procédure CEDH, art. 72),
  - elle peut également être saisie par ***demande de renvoi de l'une des parties*** dans les 3 mois à compter de la date de l'arrêt rendu par une chambre (Conv. EDH, art. 43). Dans cette hypothèse, un collège de cinq juges de la Grande chambre se réunit afin de statuer sur la demande de renvoi. C'est encore la Grande chambre qui est compétente pour rendre les avis consultatifs au titre de l'article 47 de la Convention européenne des droits de l'homme.

5 La compétence de la CEDH

La compétence de la Cour s'étend à toutes les questions concernant l'interprétation et l'application de la Convention et de ses protocoles qui lui seront soumises dans les conditions prescrites par ces textes (Conv. EDH, art. 32, § 1). Conformément à l'article 32, § 2 de la Convention européenne des droits de l'homme, ***la Cour est juge de sa propre compétence*** et c'est sans surprise qu'elle en a retenu une conception extensive.

■ *La compétence territoriale*

La compatibilité *ratione loci* des requêtes requiert a priori que la violation alléguée de la Convention ait eu lieu dans la juridiction de l'État défendeur ou sur le territoire effectivement contrôlé par cet État (*CEDH, 26 juin 1992, Drozd et Janousek c/ France et Espagne*).

a) Les territoires dépendants

L'article 56 de la Convention européenne des droits de l'homme, ou « clause coloniale », permet aux États qui le souhaitent d'étendre l'application de la Convention à leur territoire métropolitain. Dès lors :

- soit l'État fait une ***déclaration*** en ce sens et la Cour sera compétente (*CEDH, 25 avr. 1978, Tyrer c/ Royaume-Uni*) ;
- soit il s'abstient et la requête sera vouée à l'échec (*CEDH, 24 nov. 1986, Gillow c/ Royaume-Uni*).

En cas de modification de statut du territoire :

- si le territoire devient indépendant, la déclaration expire automatiquement et les requêtes ultérieures contre l'État métropolitain seront déclarées incompatibles *ratione personae* (*Comm. EDH, 17 déc. 1968, Église de X c/ Royaume-Uni*) ;
- si le territoire est intégré au territoire métropolitain, la Convention s'applique automatiquement (*CEDH, 12 janv. 2006, Hingitaq 53 et a. c/ Danemark*).

La Cour a étendu l'emprise du droit européen de deux manières :

- premièrement, elle accepte d'apprécier, voire de neutraliser, les réserves qui accompagnent éventuellement les déclarations au titre de l'article 56 de la Convention européenne des droits de l'homme ;
- deuxièmement, elle applique les déclarations aux protocoles additionnels signés et ratifiés par l'État défendeur (*CEDH, 19 sept. 2006, Quark Fishing Limited c/ Royaume-Uni*).

Pour aller plus loin

L'article 56, § 3 de la Convention européenne des droits de l'homme prévoit néanmoins que l'application de la Convention dans les territoires métropolitains tiendra compte des « nécessités locales ». Ainsi, dans l'arrêt *Py c/ France* du 11 janvier 2005, l'histoire et le statut de la Nouvelle-Calédonie furent considérés comme des « nécessités locales » pouvant justifier une exigence exorbitante de 10 ans de résidence pour pouvoir participer aux élections des membres du congrès de l'île.

b) L'effet extraterritorial de la Convention européenne des droits de l'homme

La Cour accepte d'engager la responsabilité des États pour des actes accomplis hors de leur territoire. Cet effet, baptisé par la doctrine « extraterritorial », est associé à la notion de « ***contrôle***

effectif » afin de pallier l'incompétence territoriale lorsque les États exercent une emprise sur un territoire non national. Sa juridiction n'est pas restreinte au territoire national des États contractants. Les États peuvent aussi, dans des circonstances exceptionnelles, exercer leur souveraineté par le biais d'***actes commis hors de leur territoire national***. L'article 1er de la Convention européenne des droits de l'homme ne saurait être interprété comme permettant à un État de perpétrer sur le territoire d'un autre des violations de la Convention qu'il ne pourrait commettre sur son propre territoire (*CEDH, 16 nov. 2004, Issa et a. c/ Turquie*). La Cour tient compte de l'influence militaire, mais aussi politique et économique (*CEDH, 17 juill. 2018, Sandu et a. c/ République de Moldova et Russie*).

Cette jurisprudence a trouvé un terrain d'application privilégié dans le cadre :

- de la partition de l'île de Chypre (*CEDH, 3 juin 2008, Andreas Manitaras et a. c/ Turquie*) ;
- de la lutte contre le trafic de stupéfiants en eaux internationales (*CEDH, 29 mars 2010, Medvedyev c/ France*) ;
- des interventions militaires, bien évidemment (*CEDH, 7 juill. 2011, Al-Jedda c/ Royaume-Uni*).

La limite de cette expansion jurisprudentielle a été atteinte à l'occasion de la décision *Banković et a. c/ Belgique et 16 autres États* du 19 décembre 2001. La Cour rappelle que si le droit international n'exclut pas un exercice extraterritorial de sa juridiction par un État, celle-ci est en règle générale définie et limitée par les droits territoriaux souverains des autres États concernés.

Enfin, l'effet extraterritorial de la Convention a trouvé une application pour des ***actes commis sur le territoire national***, mais dont les effets se sont déployés en dehors. Cette catégorie concerne principalement les mesures d'éloignement des étrangers (*CEDH, 7 juill. 1989, Soering c/ Royaume-Uni*) et les publications, notamment à l'ère numérique (*CEDH, 18 oct. 2005, Perrin c/ Royaume-Uni*).

■ *La compétence personnelle*

La compatibilité *ratione personae* signifie que la violation alléguée de la Convention a été commise par un État contractant ou qu'elle peut lui être imputable. Encore faut-il qu'il ait signé et ratifié la Convention ou le protocole concerné par la requête (*Comm. EDH, 4 sept. 1995, Horsham c/ Royaume-Uni*).

En principe, toutes les requêtes qui seraient dirigées contre un particulier sont irrecevables (*Comm. EDH, 10 déc. 1976, X. c/ Royaume-Uni*). Nonobstant, la Cour a redessiné les contours de l'imputabilité et accepte que des actes commis par des particuliers soient mis en cause. C'est l'***effet horizontal de la Convention***. La responsabilité des États peut être engagée pour certains actes de personnes privées s'ils supportent en la matière une ***obligation positive*** d'intervenir dans la relation purement privée (*CEDH, 26 juill. 2005, Siliadin c/ France*).

S'agissant des requêtes dirigées contre les organisations intergouvernementales, celles-ci sont systématiquement déclarées irrecevables.

De même, les actes d'une organisation intergouvernementale ne peuvent être imputés à un État au motif qu'il héberge le siège ou des locaux de cette dernière (*CEDH, 9 juin 2009, Galić c/ Pays-Bas*).

Enfin, un État membre à la fois de la Convention et d'une autre organisation ne peut, en principe, se voir imputer une violation alléguée de la Convention à raison d'une décision ou d'une mesure émanant de cette autre organisation (*CEDH, 9 sept. 2008, Boivin c/ 34 États*). La Cour estime que si les États peuvent transférer des compétences à des organisations internationales, ils ne sont pas pour autant exonérés de toute responsabilité. Le ***transfert doit respecter les droits garantis par la Convention***. La responsabilité de l'État redevient donc envisageable si deux conditions sont remplies :

- premièrement, le requérant doit établir que les droits offerts par cette organisation internationale ne bénéficient pas d'une ***protection équivalente*** à celle assurée par la Convention ;
- deuxièmement, il doit prouver que l'État concerné est ***intervenu même indirectement*** dans la commission de l'acte litigieux (*CEDH, 30 juin 2005, Bosphorus Airlines et a. c/ Irlande*).

Pour aller plus loin

Alors que l'UE – organisation intergouvernementale – ne peut pas encore faire l'objet d'une requête (*CEDH, 10 juill. 1978, CFDT c/ Communautés européennes*), la Cour accepte de faire un ***contrôle indirect du droit de l'UE***, droit dérivé (*CEDH, 15 nov. 1996, Cantoni c/ France*) ou droit primaire (*CEDH, 18 déc. 1999, Matthews c/ Royaume-Uni*). Toutefois, afin d'éviter la multiplication des recours et marquer le rapprochement des espaces juridiques, la Cour a établi une présomption réfragable de protection équivalente des droits fondamentaux au bénéfice de l'ordre juridique de l'Union (*CEDH, 30 juin 2005, Bosphorus Airlines et a. c/ Irlande*).

■ *La compétence temporelle*

Conformément au principe de non-rétroactivité des traités, la compétence temporelle de la Cour ne couvre que la période ultérieure à la ratification de la Convention ou de ses protocoles par l'État. La Cour est tenue de vérifier d'office sa compétence *ratione temporis* à toutes les étapes de la procédure (*CEDH, 8 mars 2006, Blečić c/ Croatie*).

Toutefois, la Cour apporte trois tempéraments à cette règle :

- premièrement, lorsque la ***violation de la Convention est dite « continue »***, c'est-à-dire qu'elle se répète à chaque instant dans tous ces éléments. Il importe peu qu'elle ait commencé avant la date critique. Il suffit qu'elle se prolonge au-delà (*CEDH, 24 juin 1993, Papamichalopoulos et a. c/ Grèce*). En revanche, les simples conséquences dans le temps d'une violation, même importantes, ne signifient pas que la violation soit continue (*CEDH, 14 oct. 2008, Iordache c/ Roumanie*) ;
- deuxièmement, la Cour tient compte de la ***spécificité de certains droits***, qui appellent eux-mêmes la prise en compte d'évènements postérieurs à la date critique. C'est le cas des obligations positives procédurales déduites des articles 2 et 3 de la Convention européenne des droits de l'homme : obligation d'enquêter sur les décès (*CEDH, 9 avr. 2009, Šilih c/ Slovénie*), obligation d'enquêter sur des disparitions suspectes (*CEDH, 18 sept. 2009, Varnava et a. c/ Turquie*). Cela concerne aussi l'article 3 du protocole n° 7 à la Convention européenne des droits de l'homme (Conv. EDH, art. 3P7) relatif au droit à l'indemnisation en cas d'erreur judiciaire. Il est indifférent que la condamnation erronée soit antérieure à la date critique. Seule importe la date de son annulation (*CEDH, 3 juill. 2008, Matveïev c/ Russie*) ;
- troisièmement, la Cour s'autorise toujours à tenir compte de faits antérieurs à la date critique afin d'***apprécier les circonstances d'une ingérence*** (*CEDH, 30 nov. 2004, Klyakhin c/ Russie*).

■ *La compétence matérielle*

La Cour est chargée de veiller au respect de la Convention et de ses protocoles, ainsi que de constater et de condamner les atteintes aux droits et libertés qu'ils garantissent lorsqu'ils ont été régulièrement signés et ratifiés.

À l'instar de la procédure, le contenu de la Convention n'a cessé d'évoluer.

a) Les protocoles normatifs

Premier levier d'enrichissement textuel, les protocoles normatifs ont ajouté de nombreux droits.

Protocole d'achèvement, le ***protocole n° 1*** (1952) reconnaît des droits qui avaient été laissés de côté pendant les travaux préparatoires de la Convention, car porteurs de trop de crispations. Il ne fallait pas ralentir l'adoption de la Convention. Ce protocole reconnaît sans grande cohérence le droit de propriété, le droit à l'instruction et une version édulcorée du droit à des élections libres.

Les protocoles n°s 4 et 7 sont les produits de la ***circulation des idées juridiques*** entre organisations intergouvernementales :

– le ***protocole n° 4*** (1963) regarde du côté des communautés européennes et consacre : la liberté de circulation, l'interdiction de l'expulsion des nationaux et l'interdiction de l'expulsion collective des étrangers ;
– le ***protocole n° 7*** (1984) doit être lu en parallèle avec le PIDCP de 1966. Il reconnaît : des garanties procédurales en cas d'expulsion d'étrangers, le droit à un double degré de juridiction en matière pénale, le droit d'indemnisation en cas d'erreur judiciaire, le droit à ne pas être jugé ou puni deux fois, l'égalité entre les époux.

Les ***protocoles n°s 6 et 13*** correspondent à la volonté du Conseil de l'Europe de faire de l'Europe un espace sans peine de mort :

– le ***protocole n° 6***, signé en 1983, abolit la peine de mort, mais prévoit des dérogations possibles en temps de guerre ;
– le ***protocole n° 13***, qui le complète en 2002, proscrit la peine de mort en toutes circonstances.

Enfin, le ***protocole n° 12*** interdit la discrimination dans la jouissance de tout droit reconnu par la loi.

L'enrichissement reste cependant à la carte. Ainsi, la Suisse et Monaco n'ont toujours pas ratifié le protocole n° 1 afin de préserver certaines étrangetés de leur système institutionnel et politique. Étonnamment, l'Allemagne, les Pays-Bas, le Royaume-Uni et la Turquie n'ont toujours pas ratifié le protocole n° 7. Quant au protocole n° 12, il a été si peu signé et/ou ratifié, France en tête, qu'on peut parler de « protocole fantôme ».

b) La jurisprudence de la Cour

Le second levier d'enrichissement est la jurisprudence de la Cour. C'est le plus important, car c'est à la jurisprudence que la Convention doit d'être ce qu'elle est. Le droit de la Convention est un droit éminemment jurisprudentiel. Ministre du sens de la Convention, la Cour procède à une réécriture et une ***réinterprétation permanente*** qui permet à la fois un ***enrichissement quantitatif du catalogue conventionnel*** et ***approfondissement substantiel*** des normes conventionnelles. Beaucoup de droits, totalement absents du texte de la Convention – droits implicites ou droits déduits – ne doivent leur existence qu'à la conjugaison entre l'***interprétation dynamique, évolutive et finaliste*** pratiquée par la Cour et l'***autonomie des notions conventionnelles***.

La Cour pratique aussi une interprétation de la Convention « à la lumière » d'autres instruments internationaux adoptés ou non dans le cadre du Conseil de l'Europe, comme la Charte sociale européenne (*CEDH, 12 nov. 2008, Demir et Baykara c/ Turquie*) ou la Déclaration universelle des droits de l'homme (*CEDH, 29 avr. 1999, Chassagnou c/ France*).

La procédure devant la CEDH

Chapitre 4

Une fois saisie, la Cour apprécie la recevabilité des requêtes et le respect d'un certain nombre de conditions formelles et matérielles. Si la requête est jugée recevable, la Cour l'examinera sur le fond tout en encourageant les parties à négocier un règlement amiable.

1 La saisine

■ *Le caractère absolu de la saisine*

Grâce à son interprétation « à la lumière des conditions de vie actuelles » des dispositions procédurales de la Convention (*CEDH, 23 mars 1995, Loizidou c/ Turquie*), la Cour retient une conception ouverte de sa saisine.

Le ***droit de saisine est absolu*** et ne souffre aucune entrave. Ce principe a pour premier corollaire une liberté de communication renforcée avec le juge européen (*CEDH, 24 juin 2009, Gagiu c/ Roumanie*). Seconde conséquence, les autorités nationales doivent s'abstenir, directement ou indirectement, d'exercer quelque pression que ce soit aux fins de faire retirer une requête ou d'en modifier le contenu (*CEDH, 4 févr. 2005, Mamatkoulov et Askarov c/ Turquie*). Ces pressions peuvent être protéiformes :

- interrogatoires du requérant (*CEDH, 16 sept. 1996, Akdivar et a. c/ Turquie*) ;
- interrogatoires de son avocat (*CEDH, 13 avr. 2006, Fedotova c/ Russie*) ;
- menaces de poursuites pénales contre ce dernier (*CEDH, 25 mai 1998, Kurt c/ Turquie*) ;
- chantage sur des témoins (*CEDH, 10 févr. 2009, Novinski c/ Russie*)...

La Cour tient compte de la vulnérabilité des requérants (*CEDH, 24 juin 2008, Iambor c/ Roumanie*).

■ *Le requérant*

La Cour peut être saisie :

– soit par un État partie à la Convention (Conv. EDH, art. 33) ;

– soit par un particulier, une organisation non gouvernementale ou un groupe de particuliers qui se prétend victime d'une violation de la Convention (Conv. EDH, art. 34).

a) Le recours interétatique

Tout État partie peut saisir la Cour pour dénoncer une violation de la Convention par un autre État, et ce, quelle que soit la nationalité de la victime. Il n'a pas à prouver d'intérêt à agir. On peut analyser ce recours comme une ***forme d'action publique,*** car l'État qui agit est supposé défendre l'***ordre public européen*** des droits de l'homme.

En pratique, les requêtes interétatiques ont été rares et les arrêts rendus au fond encore plus rares. L'idée que les États agiraient en tant que garants d'un ordre européen s'est heurtée à la réalité des relations internationales. Les États, craignant probablement que la mise en cause d'un autre État devant une Cour internationale pour non-respect des droits fondamentaux n'envenime leurs relations avec celui-ci, sont plutôt réticents. Par ailleurs, la plupart des requêtes interétatiques concernent des allégations de violations commises par un État à l'encontre d'individus avec lesquels l'État requérant avait un lien particulier :

– requêtes de la Grèce en 1956 et 1957 contre le Royaume-Uni à propos de l'île de Chypre ;

– requête de l'Autriche contre l'Italie en 1960 concernant le traitement de la minorité germanophone résidant dans la région du Haut-Adige, au nord de l'Italie ;

– mise en cause en 1971 de la responsabilité du Royaume-Uni par l'Irlande pour des faits commis par les autorités britanniques en Irlande du Nord...

Plus récemment, l'Ukraine, la Géorgie et la Slovénie ont introduit toute une série de requêtes contre la Fédération de Russie dans un contexte de mise sous influence par la Russie des anciens satellites de l'URSS et dont la plupart sont encore pendantes. Pour l'instant, quatre se sont soldées par quatre décisions sur la recevabilité (dont deux radiations du rôle) et une par un arrêt au fond (*CEDH, 3 juill. 2014, Géorgie c/ Russie*).

Seuls quelques rares recours interétatiques correspondent au schéma de garantie collective imaginé par les rédacteurs de la Convention, notamment :

– les requêtes déposées par le Danemark, la Norvège, la Suède et les Pays-Bas en 1967 suite à la dictature des colonels en Grèce ;

– la requête de la France, la Norvège, le Danemark, la Suède et les Pays-Bas afin de dénoncer en 1981 un coup d'État en Turquie.

b) Le recours individuel

« Clef de voûte du mécanisme de sauvegarde des droits de l'homme » (*CEDH, 23 mars 1995, Loizidou c/ Turquie*), le recours individuel est devenu le facteur essentiel de l'efficacité et du succès du système conventionnel, mais aussi de l'engorgement de l'office du juge européen.

Les particuliers, ***personnes physiques***, peuvent exercer leur droit de recours sans que la nationalité, le lieu de résidence, l'état civil, la situation ou la capacité juridique entrent en ligne de compte. Il n'est pas nécessaire que le requérant soit ressortissant d'un État partie à la Convention. Le droit de recours est ouvert aux immigrés, aux réfugiés et aux apatrides.

La notion d'***organisation non gouvernementale*** doit être entendue au sens large. Elle englobe toutes organisations qui ne disposent pas des attributs de la puissance publique. Cela englobe des formations très diverses :

– les associations (*CEDH, 17 juill. 2001, Association Ekin c/ France*) ;

– les syndicats (*CEDH, 27 oct. 1975, Syndicat national de la police belge c/ Belgique*) ;

– les partis politiques (*CEDH, 30 janv. 1998, Parti communiste unifié de Turquie c/ Turquie*) ;

– les communautés religieuses (*CEDH, 27 juin 2000, Cha'are Shalom Ve Tsedek c/ France*) ;

– une masse successorale (*CEDH, 27 sept. 2007, Succession de Nitschke c/ Suède*) ;

– les opérateurs économiques (*CEDH, 6 avr. 2000, Comingersoll SA c/ Portugal*).

Des personnes morales de droit public peuvent néanmoins déposer une requête si elles n'exercent aucune prérogative de puissance publique et disposent d'une autonomie juridique et financière complète à l'égard de l'État (*CEDH, 18 déc. 2008, Unédic c/ France*). En revanche, les recours introduits par des collectivités locales sont irrecevables, car elles exercent des fonctions officielles au nom de l'État (*CEDH, 23 nov. 1999, Commune d'Antilly c/ France*).

Pour aller plus loin

L'ouverture du droit de recours aux personnes morales de droit privé à but lucratif n'a pas été unanimement saluée. Certains auteurs se sont d'ailleurs émus de cette perspective très éloignée de l'objectif initial de la Convention, sans compter la dénaturation de la notion d'organisation non gouvernementale, désormais très éloignée de la conception en vigueur dans de nombreuses organisations intergouvernementales. Toutefois, même si l'on peut y voir une espèce de dérive – ce que Jean-François Flauss appelait la « ***mercantilisation de la Convention*** » –, l'évolution jurisprudentielle s'est faite en ce sens.

Un ***groupe de particuliers*** est une association informelle de plusieurs personnes se trouvant dans une situation analogue et se plaignant d'une même violation de la Convention. Dès lors, elles peuvent introduire ensemble une requête unique devant la Cour (*CEDH, 13 nov. 2007, D.H. et a. c/ République tchèque*). Cette possibilité, elle aussi, est limitée :

- premièrement, l'***actio popularis***, c'est-à-dire l'action au travers de laquelle les intéressés cherchent à faire contrôler une disposition *in abstracto* au regard de la Convention n'est pas admise (*CEDH, 28 juin 2011, Ligue des musulmans de Suisse et a. c/ Suisse*) ;
- deuxièmement, à l'instar des requêtes introduites par une organisation non gouvernementale, un collectif de personnes exerçant des fonctions d'officier d'état civil au nom de l'État ne constitue pas un groupe de particuliers. La requête des maires français qui refusaient, sur le fondement de l'article 9 de la Convention européenne des droits de l'homme et au nom d'une prétendue clause de conscience, de célébrer les mariages entre personnes du même sexe a ainsi été balayée par un juge unique en octobre 2018.

■ *La victime*

En principe, la victime doit être directe, mais la Cour a élargi les possibilités de saisine aux victimes potentielles et indirectes.

a) La victime directe

L'acte ou l'omission litigieux des autorités nationales doit directement affecter le requérant (*CEDH, 25 juin 1996, Amuur c/ France*). ***L'atteinte doit être personnelle et directe***, c'est-à-dire que le requérant doit démontrer qu'il est personnellement et directement touché par une mesure ou une décision violant un droit ou une liberté garantie par la Convention (*CEDH, 25 juin 1996, Amuur c/ France*).

Le comportement du requérant est pris en compte puisqu'il ne pourra se prétendre victime s'il est en partie responsable de la violation alléguée (*CEDH, 12 déc. 2006, Paşa et Erkan Erol c/ Turquie*).

b) La victime potentielle

C'est au nom de l'effectivité que la Cour a accepté de reconnaître la qualité de victime aux ***personnes menacées d'être soumises à une violation de la Convention*** :

- surveillance des communications (*CEDH, 6 sept. 1978, Klass et a. c/ Allemagne*) ;
- différence de régime successoral entre les enfants naturels et les enfants légitimes (*CEDH, 13 juin 1979, Marckx c/ Belgique*) ;
- pénalisation de l'homosexualité (*CEDH, 22 oct. 1981, Dudgeon c/ Royaume-Uni*) ;
- personne menacée d'une mesure d'éloignement dans un pays où elle risque de subir des traitements contraires à la Convention (*CEDH, 7 juill. 1989, Soering c/ Royaume-Uni*)...

En revanche, de simples suspicions ne sont pas suffisantes pour obtenir la qualité de victime potentielle (*CEDH, 6 nov. 2011, Fédération chrétienne des témoins de Jéhovah de France c/ France*).

Pour aller plus loin

Dans un célèbre arrêt *Open Door et Dublin Well Woman c/ Irlande* du 29 octobre 1992, la Cour vole au secours d'une association qui prodiguait aux femmes irlandaises des conseils aux femmes enceintes sur les possibilités de se rendre à l'étranger pour se faire avorter. La requête concernait une injonction prononcée à l'encontre de cette association par la High Court puis confirmée par la Cour suprême. Plusieurs femmes qui s'estimaient concernées se joignent alors à la requête. À nouveau, la Cour accepte que ces personnes puissent être considérées comme « victimes » de la mesure critiquée, même en l'absence d'acte individuel d'exécution, parce qu'elles risquent d'en subir les effets. Le juge européen considère que ces femmes peuvent se prétendre victimes, car, même si elles ne sont pas enceintes au moment de l'examen de la requête, « elles figurent sans conteste parmi les femmes en âge de procréer pouvant pâtir des restrictions incriminées ».

c) La victime indirecte

La Cour accepte les recours individuels des **personnes ayant un lien particulier et personnel avec la victime directe**, comme les enfants ou le conjoint de cette dernière (*CEDH, 17 mars 2009, Houtman et Meeus c/ Belgique*).

Cette jurisprudence a trouvé un terrain d'application privilégié dans les affaires de disparitions forcées, comme dans le cadre du contentieux turco-kurde (*CEDH, 25 mai 1989, Kurt c/ Turquie*).

Très inspirée par la Cour interaméricaine, la Cour considère que les proches de la victime première des faits imputés à l'État ont eux aussi subi un préjudice en raison de faits qui ont causé le décès ou la disparition de leur enfant, conjoint ou parent.

Ainsi, dans l'arrêt *MubilanzaMayeka et KanikiMitunga c/Belgique* du 12 octobre 2006, la Cour juge que la rétention isolée d'une petite fille congolaise âgée de 5 ans dans un centre fermé pour adultes pendant 2 mois constitue une violation de l'article 3 qui entre directement dans le chef de la mère.

d) La perte de la qualité de victime

La qualité de victime peut disparaître en cours d'instance par la réunion de deux conditions : ***la violation doit être reconnue explicitement ou en substance*** (*CEDH, 15 juill. 1982, Eckle c/ Allemagne*) ***et redressée***, si bien que cette qualité dépend en partie du montant de l'indemnisation accordé par le juge national ainsi que de l'effectivité et de la célérité du recours permettant de percevoir cette dernière (*CEDH, 20 déc. 2001, Normann c/Danemark*).

Le requérant doit pouvoir justifier sa qualité de victime pendant toute la durée de la procédure. Ainsi, s'il perd cette qualité, l'affaire sera radiée du rôle, et ce même si la requête a précédemment été déclarée recevable (*CEDH, 24 févr. 2005, Ohlen c/Danemark*).

e) Le décès de la victime

En principe, l'action s'éteint avec le décès de la victime (*CEDH, 21 oct. 2008, Kaya et Polat c/ Turquie*). En revanche, s'il intervient en cours de procédure, ***les héritiers peuvent poursuivre la procédure***, à condition toutefois que le grief leur soit transmissible et qu'ils disposent d'un intérêt suffisant à voir la violation de la Convention établie. Dans l'hypothèse où ils ne le souhaitent pas, l'affaire sera rayée du rôle.

L'article 37, § 1 *in fine* autorise la Cour à poursuivre l'examen de la requête si elle estime que ***le respect des droits de l'homme garantis par la Convention et ses protocoles l'exige*** (*CEDH, 24 juill. 2003, Karner c/Autriche*).

2 Les « accessoires » procéduraux

■ *Les mesures provisoires*

L'article 39 du règlement de procédure de la CEDH prévoit que « la chambre saisie de l'affaire et, le cas échéant, son président peuvent, soit à la demande d'une partie ou de toute autre personne intéressée, soit d'office, indiquer aux parties toute mesure provisoire qu'ils estiment devoir être adoptée dans l'intérêt des parties ou du bon déroulement de la procédure ». Cette procédure, qui appuie sur la gravité et l'urgence de la situation, bénéficie d'un ***traitement prioritaire*** (règl. procédure CEDH, art. 41).

Alors que l'autorité des mesures provisoires a longtemps reposé sur l'obligation de coopération des États avec la Cour, cette dernière considère aujourd'hui que l'inobservation de celles-ci constitue un ***manquement à l'article 34 de la Convention européenne des droits de l'homme*** sur le recours individuel (*CEDH, 4 févr. 2005, Mamatkulov et Askarov c/ Turquie*).

Non seulement la Cour opte désormais pour une obligation juridique contraignante, mais il s'agit encore d'une ***obligation renforcée***, puisque l'argument tiré de la non-réalisation du dommage est inopérant (*CEDH, 10 mars 2009, Paladi c/ Moldavie*). La seule alternative pour l'État visé par une mesure est d'apporter la preuve :

- qu'il existait un obstacle légitime à l'exécution de la mesure ;
- qu'il a entrepris toutes les démarches raisonnablement envisageables pour supprimer cet obstacle ;
- qu'il a scrupuleusement tenu la Cour informée.

Le juge administratif français considère pour sa part que l'inobservation desdites mesures par le gouvernement constitue un manquement à l'article 34 de la Convention européenne des droits de l'homme (*CE, ord., 30 juin 2009, n° 328879, Ministre de l'Intérieur, de l'Outre-mer et des Collectivités territoriales c/ Beghal*).

Pour aller plus loin

Dans l'affaire *Lambert et a. c/ France*, la Cour fit suspendre pour la durée de la procédure par-devant elle l'exécution de l'arrêt rendu par le Conseil d'État, qui jugeait légale la décision prise par le médecin en charge de Vincent Lambert de mettre fin à son alimentation et hydratation artificielles. Dans son arrêt du 5 juin 2015, elle conclut à la non-violation de l'article 2 de la Convention européenne des droits de l'homme (droit à la vie) en cas de mise en œuvre de cette décision.

■ *La tierce intervention*

Innovation du protocole n° 11, le président de la Cour peut, ***dans l'intérêt d'une bonne administration de la justice***, « inviter toute [...] personne intéressée, autre que le requérant, à présenter des observations écrites et à prendre part aux audiences » (Conv. EDH, art. 36, § 2).

L'article 44, § 2 du règlement de procédure de la CEDH ouvre spécifiquement cette possibilité au Commissaire aux droits de l'homme ou à un membre de son bureau, à condition d'en aviser le greffier par écrit au plus tard 12 semaines après la communication de la requête à la partie contractante défenderesse ou la notification à celle-ci de la décision de tenir une audience.

Cette procédure est fréquemment exploitée dans les affaires touchant aux ***relations internationales*** ou aux ***grandes questions de société***, dont les prolongements dépassent largement les cas individuels ou le système juridique en cause :

– suicide assisté (*CEDH, 29 avr. 2002, Pretty c/ Royaume-Uni*) ;

– homosexualité (*CEDH, 24 juill. 2003, Karner c/ Autriche*) ;

– statut légal du fœtus humain (*CEDH, 8 juill. 2004, Vo c/ France*)...

Pour aller plus loin

Contrairement à l'intervention en procédure civile, la tierce intervention n'est pas une demande incidente afin de rendre un tiers partie au procès engagé entre les parties originaires. Également dénommée « *amicus curiae* », cette procédure poursuit un but d'utilité évident : éclairer la Cour et éventuellement l'influencer selon les valeurs défendues par l'intervenant. Elle est utilisée à la fois :

– par des ONG (*CEDH, 21 janv. 2011, M.S.S. c/ Belgique et Grèce : intervention conjointe du Centre AIRE et d'Amnesty International*) ;

– par des cliniques juridiques (*CEDH, 5 juin 2015, Lambert et a. c/ France : intervention de la clinique des droits de l'homme de l'Institut international des droits de l'homme [IIDH] – Fondation René Cassin*) ;

– par des États désireux de faire connaître leur position sur un sujet susceptible de les concerner (*CEDH, 6 oct. 2005, Hirst c/ Royaume-Uni n° 2 : intervention de la Lettonie à propos du droit de vote des détenus*).

La procédure des arrêts pilotes

La procédure des arrêts pilotes a été imaginée afin d'adapter le contentieux européen aux ***affaires dites « répétitives »***, c'est-à-dire aux situations dans lesquelles la Cour est saisie d'un très grand nombre de requêtes portant sur un ***problème identique, de nature structurelle ou systémique***, affectant le droit interne d'un État (*CEDH, 22 juin 2004, Broniowski c/ Pologne*).

Création prétorienne de la Cour sur le fondement de la résolution (2004)3 du Comité des ministres en date du 12 mai 2004, elle a été formalisée et intégrée dans le règlement de procédure de la Cour (règl. procédure CEDH, art. 61).

Technique de traitement global – ou d'abattage, selon les goûts –, la Cour rend un arrêt dans une affaire ciblée dont la solution doit s'appliquer à toutes les autres affaires préalablement gelées. Elle y détermine les dysfonctionnements structurels à l'origine de la violation de la Convention et donne des indications précises sur la manière de redresser l'ensemble des situations. Elle laisse alors aux autorités le temps nécessaire pour adopter les mesures indiquées. Le Comité des ministres est spécialement informé.

En 2017, l'arrêt *Burmych et a. c/ Ukraine* a jeté le trouble sur la procédure des arrêts pilotes (*CEDH, 12 oct. 2017, Burmych et a. c/ Ukraine*). En effet, la Grande chambre refuse au nom de la subsidiarité de multiplier les constats de violation en cas d'absence d'exécution d'un arrêt pilote et de mécanismes internes de redressement adéquats. Soucieuse de ne pas transformer le système conventionnel en mécanisme de dédommagements financier individualisé, elle vide la procédure de son sens et la réduit à l'identification des problèmes systémiques.

■ *Le règlement amiable*

Conformément au principe de subsidiarité du mécanisme européen, la Cour facilite la résolution d'un règlement amiable (Conv. EDH, art. 39).

Toutefois, en cas de règlement amiable, elle vérifie que ***l'accord passé s'inspire du « respect des droits de l'homme tels que les reconnaissent la Convention et ses protocoles*** » et que la somme allouée à la réparation soit suffisante. Les négociations et la procédure doivent rester confidentielles, sous peine d'irrecevabilité de la requête (*CEDH, 13 déc. 2011, Mandil c/ France*).

Cette procédure n'est pas exempte de critiques. Tout d'abord, même si la Cour entend abaisser les États défendeurs au niveau de l'individu, il existe une ***asymétrie grave entre les parties***. Elle fait ensuite peser ***un risque de « privatisation » du contentieux*** européen des droits de l'homme. Ce problème se pose avec une acuité particulière lorsque des droits « intangibles » sont en cause.

À compter du 1er janvier 2019, la Cour décide d'inaugurer une pratique spécifique pour tous les États contractants afin de faciliter les règlements amiables. Cette nouvelle phase comprend deux étapes :

- premièrement, le greffe fait une proposition de règlement amiable lorsque la requête est communiquée à l'État défendeur ;

– deuxièmement, s'ensuit une phase de règlement amiable, non contentieuse, d'une durée de 12 semaines suivie d'une phase d'observation, contentieuse, de même durée.

Le greffe ne fera pas de proposition lorsque l'affaire déférée soulève des questions nouvelles que la Cour n'avait jamais examinées auparavant, ou des affaires pour lesquelles, en vertu de raisons particulières, il apparaît inopportun de proposer un règlement amiable.

3 Les conditions de recevabilité de la requête

La Convention prévoit deux catégories de conditions de recevabilité :

– celles qui doivent être respectées par toutes les parties, c'est-à-dire l'***épuisement des voies de recours interne*** et le ***délai de forclusion de 6 mois*** (Conv. EDH, art. 35, § 1) ;
– celles qui ***ne s'imposent qu'aux requérants individuels*** (Conv. EDH, art. 35, § 2 et 3).

■ *L'épuisement des voies de recours interne*

Règle classique en droit international, l'épuisement des voies de recours est la ***marque procédurale de la subsidiarité*** et du ménagement de la souveraineté étatique (*CEDH, 26 oct. 2000, Kudla c/ Pologne*). La Cour l'a considérablement assoupli en l'interprétant ***sans formalisme excessif*** (*CEDH, 16 juill. 1971, Ringeisen c/ Autriche*). Par ailleurs, les États peuvent renoncer à son bénéfice (*CEDH, 18 juin 1971, De Wilde, Ooms et Versyp c/ Belgique*).

Dès lors, il n'est pas nécessaire que le droit consacré par la Convention soit explicitement invoqué au cours de l'épuisement. ***L'invocation « en substance » de la Convention suffit*** (*CEDH, 23 avr. 1992, Castells c/ Espagne*).

Outre la ***charge de la preuve, qui repose sur l'État défendeur*** (*CEDH, 19 févr. 1998, Dalia c/ France*), toutes les voies de recours n'ont pas à être épuisées. En cas de pluralité de voies de recours, le requérant n'est obligé d'utiliser que l'une d'entre elles (*CEDH, 29 avr. 1999, Aquilina c/ Malte*). Il n'est pas non plus obligé d'épuiser une voie de droit qui n'est pas obligatoire en droit interne (*CEDH, 13 nov. 2007, D.H. et a. c/ République tchèque*) ou les voies de recours extraordinaires comme la révision (*CEDH, 17 déc. 2002, Prystavka c/ Ukraine*).

Les voies de recours doivent être utiles, c'est-à-dire ***adéquates et effectives***. Elles doivent être ***accessibles*** à la personne qui argue la violation (*CEDH, 18 déc. 1996, Aksoy c/ Turquie*), exister avec un degré suffisant de certitude et ne pas être vouées à l'échec (*CEDH, 20 nov. 1995, Pressos Compania Naviera SA c/ Belgique*).

La soumission de la saisine du juge interne à une décision discrétionnaire disqualifie également la règle (*CEDH, 26 sept. 1995, Spadéa et Scalabrino c/ Italie*). Enfin, ***la Cour a développé la notion***

de « pratiques administratives » afin de dispenser les requérants d'épuiser les voies de recours internes. Ces pratiques se caractérisent par :

– la répétition d'actes contraires à la Convention susceptibles de former un ensemble ou un système (*CEDH, 18 janv. 1978, Irlande c/ Royaume-Uni*) ;
– une tolérance officielle de ces actes qui rend toute procédure vaine ou ineffective (*CEDH, 10 mai 2001, Chypre c/ Turquie*).

Pour aller plus loin

Le requérant doit-il avoir déposé une QPC dans le cadre de l'épuisement des voies de recours internes ? La question méritait d'être posée suite à l'introduction de l'article 61-1 de la Constitution par la révision constitutionnelle du 23 juillet 2008 et à l'entrée en vigueur de la technique en 2010.

Toutefois, la QPC et la saisine de la Cour, bien que vouées à la protection des droits de l'homme et des libertés fondamentales, ne poursuivent pas le même objet :
– dans le premier cas, il s'agit d'un procès fait à la loi en vue d'en obtenir l'abrogation ;
– dans le second, il s'agit de mettre fin à une violation et d'en obtenir réparation.

Finalement, la seule hypothèse plausible d'un épuisement préalable de cette voie de recours consistait à ce que la loi porte elle-même atteinte au droit reconnu par la Convention. Néanmoins, le justiciable ne dispose pas d'un accès direct au Conseil constitutionnel. Sa saisine se fait à la discrétion des juridictions inférieures, puis du Conseil d'État ou de la Cour de cassation. Or, la Cour n'impose pas l'usage de ces voies de recours lorsqu'elles sont incidentes (*CEDH, 6 avr. 2004, S. B et a. c/ Belgique*).

■ *Le délai de 6 mois*

L'article 35, § 1 de la Convention européenne des droits de l'homme stipule que la requête doit être introduite dans un délai de 6 mois calendaires ***à compter de la date de la décision définitive qui épuise les voies de recours internes***, délai que le protocole n° 15 propose de réduire à ***4 mois***.

Voué à la mise en œuvre du ***principe de sécurité juridique***, le délai commence à courir à partir de la ***connaissance effective et suffisante de la décision interne***. L'utilisation de recours inopportuns ou abusifs afin de repousser l'échéance ne sera pas prise en compte (*CEDH, 5 janv. 2006, Fernie c/ Royaume-Uni*).

Selon l'article 47, § 5 du règlement de procédure de la CEDH, la requête est réputée introduite à la date de la première communication du requérant exposant son objet, à condition qu'un ***formulaire de requête dûment rempli*** ait été soumis dans les délais fixés par la Cour.

■ *Les conditions propres aux requêtes individuelles*

L'article 35, § 2 de la Convention européenne des droits de l'homme prévoit deux catégories de requêtes. Les premières sont irrecevables par principe, tandis que les secondes nécessitent d'en appréhender le contenu.

a) Les requêtes irrecevables par principe

Trois types de requêtes sont interdits :

- les ***requêtes anonymes***, c'est-à-dire qui ne permettent pas d'identifier le requérant. Cela n'empêche pas l'utilisation d'un pseudonyme (*CEDH, 16 sept. 2003, Chamaïev et a. c/ Géorgie et Russie*) ou l'anonymat afin de protéger l'identité du requérant (requêtes de type « X, Y ou Z c/ ... ») ;
- les ***requêtes redondantes***, la redondance étant classiquement appréciée sous l'angle de la triple identité : parties, griefs et faits (*CEDH, 22 nov. 2001, Dinc c/ Turquie*) ;
- la ***pluralité de requêtes identiques devant des instances judiciaires internationales*** (Conv. EDH, art. 35, § 2, b), afin notamment de préserver l'espace juridictionnel européen et d'éviter les contradictions de jurisprudence entre juges internationaux. Ont ainsi été considérés comme des « instances internationales » :
  - le Comité des droits de l'homme des Nations unies (*CEDH, 6 juill. 1992, Calcerrada Fornieles et Caheza Mato c/ Espagne*),
  - le Comité de la liberté syndicale de l'Organisation internationale du travail (*CEDH, 12 oct. 1992, Cereceda Martin et 22 a. c/ Espagne*),
  - le Groupe de travail des Nations unies sur la détention arbitraire (*CEDH, 7 avr. 2009, Peraldi c/ France*).

Pour aller plus loin

Dans une affaire concernant les cours d'éducation religieuse et morale dispensés dans les écoles publiques de Norvège, un groupe de requérants s'est scindé en deux parties afin de jouer sur les différences d'approche entre le juge européen des droits de l'homme et le Comité des droits de l'homme, malgré des sources respectives énoncées en termes similaires :

– article 2 du protocole n° 1 à la Convention européenne des droits de l'homme (Conv. EDH, art. 2P1), d'une part ;
– article 18 du Pacte international relatif aux droits civils et politiques, d'autre part.

La Cour n'a donc pas pu déclarer la requête irrecevable, puisque l'identité des parties n'était pas la même et que cette notion est d'interprétation stricte (*CEDH, 29 janv. 2007, Folgero c/ Norvège ; Comité des droits de l'homme, 23 nov. 2004, Leirvag et a. c/ Norvège*).

b) Les requêtes irrecevables en raison de leur contenu

En premier lieu, les requêtes doivent être ***compatibles avec les dispositions de la Convention*** ou de ses protocoles. Cette exigence comporte deux dimensions :

– une dimension procédurale, qui renvoie aux ***différents champs de compétence de la Cour*** ;
– ***une dimension matérielle, à mettre en corrélation avec l'article 17 de la Convention européenne des droits de l'homme relatif à l'abus de droit*** : « Aucune des dispositions de la présente convention ne peut être interprétée comme impliquant pour un État, un groupement ou un individu, un droit quelconque de se livrer à une activité ou d'accomplir un acte visant à la destruction des droits et présentes libertés reconnus dans la présente convention ou à des limitations plus amples de ces droits et libertés que celles prévues à ladite convention. »

En deuxième lieu, elles ne doivent pas être ***manifestement mal fondées***. Cela implique :

– qu'il existe une apparence de violation (*CEDH, 7 déc. 2004, Mentzen c/ Lituanie*) ;
– que les griefs soient étayés (*CEDH, 25 sept. 2008, Bayard c/ France*) ;
– qu'ils ne soient pas confus ou fantaisistes, ou encore qu'ils ne cherchent pas à transformer le juge européen en quatrième degré de juridiction.

En troisième lieu, ***le recours ne doit pas être en lui-même abusif***, ce qui recouvre cinq situations susceptibles d'entraver le bon fonctionnement de l'instance :

– la désinformation intentionnelle de la Cour (*CEDH, 25 sept. 2007, Hadrabová et a. c/ République tchèque*) ;
– l'utilisation d'un langage abusif, d'expressions particulièrement vexatoires, outrageantes, menaçantes ou provocatrices qui excèdent « les limites d'une critique normale, civique et légitime » (*CEDH, 11 janv. 2007, Di Salvo c/ Italie*) ;
– la violation intentionnelle de l'obligation de confidentialité de la procédure de règlement amiable (*CEDH, 15 sept. 2009, Mirolubovs et a. c/ Lettonie*) ;
– l'absence d'enjeu réel (*CEDH, 19 janv. 2010, Bock c/ Allemagne*) ;

– une attitude irresponsable et frivole à l'égard de la procédure engagée devant la Cour (*CEDH, 8 juill. 2008, Parti travailliste géorgien c/ Géorgie*).

En quatrième lieu, ***la requête doit porter sur un préjudice suffisamment important***. Cette adaptation de l'adage *de minimis non curat praetor* au contentieux européen, introduite par le protocole n° 14, peut être contournée grâce à deux clauses dites « de sauvegarde ». En effet, la requête reste recevable si le respect des droits garantis par la Convention exige son examen au fond ou si l'affaire n'a pas été « dûment examinée » par les juridictions internes. Toutefois, la Cour a passablement érodé la portée de la seconde clause de sauvegarde, puisqu'elle considère que le « dû examen » visé par l'article 35, § 3, b de la Convention européenne des droits de l'homme porte sur les demandes ou les prétentions que le requérant a portées devant le tribunal interne, et non nécessairement sur les griefs tels qu'ils sont ensuite soumis à la Cour. La Cour justifie cette ***interprétation neutralisante*** de deux manières (*CEDH, 8 févr. 2011, Bratři Zátkové, A.S. c/ République tchèque*) :

– l'objet et le but de la condition de recevabilité doivent être préservés, afin de permettre à la Cour de trancher plus rapidement les affaires ne méritant pas d'être examinées au fond ;
– la notion de « dû examen » ne doit pas être interprétée aussi strictement que les exigences de l'équité de la procédure, car l'article 35, § 3, b de la Convention ne fait pas référence à ce principe.

Pour aller plus loin

En proposant de transformer la Cour en cour d'appel ou de cassation, les griefs dits « de quatrième instance » résultent d'une *conception dévoyée* du système de protection conventionnel. En effet, la Cour n'est compétente ni pour connaître des erreurs de fait ni des erreurs de droit qui auraient été commises par les juridictions internes. Seule l'hypothèse dans laquelle ces erreurs auraient entaché la procédure ou le procès internes d'un arbitraire entraînant une violation de la Convention permet au juge européen de discuter de ces dernières (*CEDH, 16 juin 2005, Syssoyeva et a. c/ Lettonie*).

Le contrôle opéré par la Cour

Chapitre 5

Le contrôle de conventionnalité opéré par la Cour est profondément marqué par le souci de l'effectivité des droits et libertés énoncés par la Convention, tout en ménageant aux États la faculté de les limiter et d'opérer une conciliation avec d'autres objectifs essentiels.

1 Les différentes ingérences prévues par la Convention

Le système conventionnel n'est pas un système d'interdiction des ingérences, mais de ***contrôle de ces dernières***. C'est le cœur du contrôle opéré par le juge européen. En effet, la Convention prévoit un certain nombre de possibilités de limiter les droits qu'elle garantit, de manière habituelle : il s'agit des ***restrictions*** et des ***exceptions*** ou, en périodes exceptionnelles, des ***dérogations***.

■ *Les restrictions aux droits*

a) Les sources des restrictions

La Convention comprend un certain nombre de ***clauses dites « d'ordre public »*** qui sont au cœur du contrôle opéré par le juge européen. Ces clauses se présentent souvent sous la forme d'un paragraphe second faisant suite à la reconnaissance des droits dont elles concèdent la limitation (Conv. EDH, art. 8, § 1, art. 9, § 2, art. 10, § 2 et art. 11, § 2).

La dichotomie est moins claire pour d'autres dispositions qui mêlent à la fois reconnaissance et limitation (Conv. EDH, art. 6, § 1 et art. 3P1).

Par ailleurs, l'***article 17 de la Convention européenne des droits de l'homme***, très imprégné par l'adage de Saint-Just selon lequel il n'y a pas de liberté pour les ennemis de la liberté, autorise la limitation des droits reconnus par la Convention pour ceux qui entendent en jouir de manière à les détruire. Cet article a notamment été utilisé :

– pour restreindre la liberté d'expression en matière de promotion :
  • du national-socialisme (*CEDH, 12 oct. 1989, H., W., P. et K. c/Autriche*),
  • du négationnisme (*CEDH, 24 juin 2003, Garaudy c/France*),
  • de l'islamisme (*CEDH, 12 juin 2012, Hizb Ut-Tahrir et a. c/Allemagne*) ;
– plus récemment, afin de restreindre la liberté de « l'humoriste » Dieudonné d'exprimer des opinions racistes et antisémites à l'occasion de ses spectacles (*CEDH, 10 nov. 2015, Dieudonné M'Balla M'Balla c/France*).

Force est de constater le manque de lisibilité de la jurisprudence relative à cette clause « guillotine », son activation tantôt spectaculaire, tantôt discrète (*CEDH, 13 févr. 2003, Refah partisi et a. c/Turquie*), voire son absence d'activation, comme dans l'affaire *Perinçek c/Suisse* relative à la remise en cause du génocide arménien par un conférencier, homme politique turc (*CEDH, 17 déc. 2013, Perinçek et a. c/Suisse*).

Enfin, beaucoup plus marginal, l'***article 16 de la Convention européenne des droits de l'homme*** permet d'imposer aux étrangers des restrictions à leur activité politique, c'est-à-dire à leur liberté d'expression (Conv. EDH, art. 10) et à leur liberté de manifester et/ou de s'associer (Conv. EDH, art. 11), la discrimination dans ce domaine précis étant interdite (Conv. EDH, art. 14). De nombreuses voix se sont élevées pour appeler à la disparition de cette disposition profondément critiquable, particulièrement dans le climat actuel. Heureusement, la Cour donne à la notion d'étranger une interprétation plutôt étroite (*CEDH, 10 avr. 2001, Chypre c/Turquie*), ce qui lui a permis de neutraliser partiellement l'article 16 de la Convention européenne des droits de l'homme, notamment grâce à la prise en compte de l'appartenance d'une requérante à un État membre de l'Union européenne (*CEDH, 27 avr. 1995, Piermont c/France*).

b) Les éléments du contrôle des restrictions

La conventionnalité des ingérences est principalement conditionnée par trois éléments.

Premièrement, ***l'ingérence doit être prévue par la loi***. La Cour retient ici une acception extensive et matérielle de la loi plutôt favorable aux États défendeurs : la loi désigne ainsi ***l'ensemble du droit en vigueur, qu'il soit législatif, réglementaire, voire jurisprudentiel***. Elle englobe des normes infralégislatives, à condition qu'elles soient édictées par les autorités compétentes, et cela en vertu d'un pouvoir normatif délégué (*CEDH, 28 nov. 2002, Lavents c/Lettonie*). Le cas échéant, même des actes administratifs de nature incertaine peuvent satisfaire à la condition de légalité (*CEDH, 25 févr. 1992, Andersson c/ Suède, 25 févr. 1992 : en l'espèce, un rapport d'un travailleur social à propos du placement d'un enfant dans un foyer d'accueil*).

Les normes doivent présenter un certain nombre de qualités pour satisfaire à la condition de légalité. Elles doivent ainsi :

- permettre aux justiciables de régler leur conduite et de bénéficier d'une protection adéquate contre l'arbitraire (*CEDH, 24 mars 1988, Olsson c/ Suède*) ;
- être ***accessibles***, ce qui se traduit d'un point de vue tant formel (publication) que matériel (intelligibilité) ;
- être ***précises***, c'est-à-dire qu'elles doivent définir avec suffisamment de précision les conditions et modalités de la limitation au droit ;
- être « raisonnablement » prévisibles (*CEDH, 15 nov. 1996, Cantoni c/ France*).

Deuxièmement, l'ingérence doit poursuivre un but légitime :

- soit ils sont énumérés dans lesdites clauses ;
- soit, en absence de limitation explicite, la Cour les découvre au titre de la théorie des limitations implicites (*CEDH, 21 févr. 1975, Golder c/ Royaume-Uni*).

De manière générale, les buts varient selon les spécificités des droits auxquels ils se rapportent, même s'il existe un socle commun composé de :

- la sécurité nationale ;
- la sûreté publique ;
- la défense de l'ordre et de la prévention du crime ;
- la protection de la santé ou de la morale publiques ;
- la protection des droits et des libertés d'autrui.

Troisièmement, ***l'ingérence doit être nécessaire dans une société démocratique***. Cette partie du contrôle se traduit par un contrôle de la ***proportionnalité*** associé à la prise en compte d'une ***marge d'appréciation*** concédée aux États.

La latitude tolérée varie en fonction de plusieurs critères :

- la nature du droit ou des activités en cause (*CEDH, 22 oct. 1981, Dudgeon c/ Royaume-Uni*) ;
- des facteurs circonstanciels comme la moralité, la tradition, l'histoire, l'environnement politique, la religion (*CEDH, 10 juill. 2003, Murphy c/ Irlande*) ;
- l'existence d'un conflit entre normes conventionnelles (*CEDH, 10 avr. 2007, Evans c/ Royaume-Uni*) ;
- l'identification ou non d'un dénominateur commun aux Hautes Parties contractantes (*CEDH, 28 nov. 1984, Rasmussen c/ Danemark*).

Technique de ménagement de l'autonomie des États, la marge d'appréciation joue souvent un rôle décisif dans le contrôle de la Cour. Elle cristallise pour cette raison l'opposition entre les partisans du *judicial activism* et du *self-restraint* à Strasbourg. Si son inconvénient majeur réside dans l'éclatement des standards et la création d'un ordre public européen à plusieurs vitesses, cet outil de diplomatie juridictionnelle permet, nonobstant, l'adaptation du contentieux européen des droits de l'homme à la pluralité et à la diversité des situations en Europe. Marque de la subsidiarité et du réalisme, la marge d'appréciation est également l'une des causes de son succès et de sa pérennité.

Parallèlement, l'article 56 de la Convention européenne des droits de l'homme, également appelé « clause coloniale », permet lui aussi une distorsion de l'ordre public européen. Cette disposition permet éventuellement d'étendre l'application de la Convention aux ***territoires non métropolitains des États*** s'ils font ***déclaration expresse*** en ce sens (par exemple les îles anglo-normandes, la Nouvelle-Calédonie, l'île de Géorgie du Sud, l'île Sandwich du Sud...). Nonobstant, l'application tiendra alors compte des « ***nécessités locales*** ». Le contrôle de la Cour porte ici sur :

- la « ***preuve décisive et manifeste*** » de ces nécessités (*CEDH, 27 avr. 1995, Piermont c/ France*) ;
- leur ***caractère impérieux*** (*CEDH, 11 janv. 2005, Py c/ France* : au nom des nécessités locales, la Cour légitime une condition de résidence de 10 ans pour pouvoir voter aux élections de l'assemblée locale en Nouvelle-Calédonie).

c) La limitation de l'usage des restrictions

L'article 18 de la Convention européenne des droits de l'homme, ou « clause ***anti-détournement*** », a un double objectif :

- d'une part, il précise la portée des clauses de restriction contenues dans les autres dispositions de la Convention ;
- d'autre part, il interdit aux États d'utiliser ces clauses dans des buts autres que ceux prévus par la Convention.

À ce titre, et même s'il ne possède pas d'existence indépendante, la Cour l'a doté d'une portée autonome (*CEDH, 19 avr. 2018, Mammadli c/ Azerbaïdjan*). Il sert de levier d'interprétation à l'ensemble de la Convention et de ses protocoles (*CEDH, 28 nov. 2017, Merabishvili c/ Géorgie*).

Si la restriction poursuit un ***but inavoué***, c'est-à-dire qui n'est pas prévu par la disposition pertinente de la Convention en cause et qui n'est pas celui dont les autorités étatiques se prévalent, la Cour conclut à la violation de l'article 18 combiné avec cette disposition (*CEDH, 19 nov. 2012, Lutsenko c/ Ukraine*).

Lorsque la restriction s'analyse en une ***situation continue***, la Cour examine les objectifs de cette dernière tout au long de sa durée et vérifie que, au cours de cette durée, le but conventionnel n'ait été dénaturé et ne se soit transformé en but inavoué.

L'article 18 de la Convention européenne des droits de l'homme doit être lu en parallèle avec l'article 53 de la Convention européenne des droits de l'homme, qui interdit d'interpréter les dispositions de la Convention de manière à limiter ou porter atteinte aux droits de l'homme et aux libertés fondamentales qui pourraient être reconnus conformément aux lois des États ou toute autre convention à laquelle ils seraient parties. Il en résulte que la Convention ne peut servir de prétexte pour abaisser des standards nationaux ou internationaux plus protecteurs.

■ *Les exceptions aux droits*

La jouissance de certains des droits et libertés reconnus par la Convention est assortie de véritables exceptions.

C'est le cas de l'article 2 de la Convention européenne des droits de l'homme, qui prévoit une série de cas dans lesquels ***la mort peut être infligée*** :

- soit intentionnellement, par l'exécution d'une sentence capitale prononcée par un tribunal au cas où le délit est puni de cette peine par la loi (§ 1) ;
- soit non intentionnellement :
  - pour assurer la défense de toute personne contre la violence illégale,
  - pour effectuer une arrestation régulière,
  - pour empêcher l'évasion d'une personne régulièrement détenue,
  - pour réprimer, conformément à la loi, une émeute ou une insurrection (§ 2).

C'est aussi le cas de l'article 4, § 3 de la Convention européenne des droits de l'homme, qui exclut du champ du ***travail forcé ou obligatoire*** :

- le travail requis normalement d'une personne soumise à la détention dans les conditions prévues par l'article 5 de la Convention européenne des droits de l'homme, ou durant sa mise en liberté conditionnelle ;
- les services de caractère militaire ou, dans le cas d'objecteurs de conscience, des services de substitution ;
- les services requis dans le cas de crises ou de calamités qui menacent la vie ou le bien-être de la communauté ;
- le travail et les services relevant des obligations civiques normales.

Enfin l'article 5, § 1 de la Convention européenne des droits de l'homme dispose que ***nul ne peut être privé de sa liberté***, sauf, dans le respect des voies légales :

- s'il est détenu régulièrement après condamnation par un tribunal compétent ;
- s'il a fait l'objet d'une arrestation ou d'une détention régulières pour insoumission à une ordonnance rendue, conformément à la loi, par un tribunal ou en vue de garantir l'exécution d'une obligation prescrite par la loi ;

- s'il a été arrêté et détenu en vue d'être conduit devant l'autorité judiciaire compétente, lorsqu'il y a des raisons plausibles de soupçonner qu'il a commis une infraction, ou qu'il y a des motifs raisonnables de croire à la nécessité de l'empêcher de commettre une infraction ou de s'enfuir après l'accomplissement de celle-ci ;
- s'il s'agit de la détention régulière d'un mineur, décidée pour son éducation surveillée ou de sa détention régulière, afin de le traduire devant l'autorité compétente ;
- s'il s'agit de la détention régulière d'une personne susceptible de propager une maladie contagieuse, d'un aliéné, d'un alcoolique, d'un toxicomane ou d'un vagabond ;
- s'il s'agit de l'arrestation ou de la détention régulières d'une personne pour l'empêcher de pénétrer irrégulièrement dans le territoire, ou contre laquelle une procédure d'expulsion ou d'extradition est en cours.

Les dérogations aux droits

Les États ont la faculté de déroger aux droits énoncés dans la Convention en cas de ***guerre*** ou d'autre ***danger public menaçant la vie de la nation*** (Conv. EDH, art. 15, § 1). Les mesures prises ne peuvent être que temporaires et les États doivent en informer de façon motivée le Secrétaire général du Conseil de l'Europe (Conv. EDH, art. 15, § 3).

Il s'agit de permettre aux États d'affronter des situations de ***crise*** ou de ***danger exceptionnel et imminent*** qui affectent l'ensemble de la population et constituent une menace pour la vie organisée de la communauté composant l'État (*CEDH, 1er juill. 1961, Lawless c/ Irlande n° 3*).

La Cour contrôle :

- la stricte nécessité des mesures dérogatoires, notamment dans le temps (*CEDH, 9 juin 1958, De Becker c/ Belgique*) ;
- leur compatibilité avec les autres obligations découlant du droit international ;
- l'absence d'atteinte aux ***droits dits « intangibles » ou « indérogeables »***, c'est-à-dire dont le régime conventionnel exclut l'application de l'article 15 de la Convention européenne des droits de l'homme. Font partie de cette catégorie :
  - le droit à la vie (Conv. EDH, art. 2),
  - l'interdiction de la torture, des peines et des traitements inhumains ou dégradants (Conv. EDH, art. 3),
  - l'interdiction de l'esclavage (Conv. EDH, art. 4),
  - la non-rétroactivité de la loi pénale (Conv. EDH, art. 7),

- le principe *non bis in idem* (Conv. EDH, art. 4P7),
- l'interdiction de la peine de mort (Conv. EDH, art. 3P6 et 2P13).

Pour autant qu'ils soient « dérogeables », les autres droits ne disparaissent pas. Le contrôle de la Cour est certes atténué à la « stricte mesure requise par la situation », mais les États ne disposent pas d'un blanc-seing. C'est ce que la Turquie a appris à ses dépens, suite à la limitation drastique de certains droits dans le cadre de l'état d'urgence prononcé afin de répondre à la tentative de coup d'État du 15 juillet 2016 (*CEDH, 20 mars 2018, Sahin Alpay c/ Turquie*). De plus, à l'instar des restrictions, les dérogations sont soumises au jeu de l'article 18 de la Convention européenne des droits de l'homme, qui empêche d'excéder les buts expressément prévus à l'article 15 de la même Convention.

S'agissant de la France, le pays a mis une réserve à l'égard du premier paragraphe, toujours en vigueur, afin que les circonstances énumérées à l'article 16 de la Constitution de 1958 soient comprises comme correspondant à l'objet de l'article 15 de la Convention européenne des droits de l'homme. Alors qu'elle n'avait même pas jugé utile d'informer le Secrétaire général du Conseil de l'Europe lors de la mise en œuvre de l'état d'urgence par le décret n° 2005-138 du 8 novembre 2005 afin de répondre aux émeutes dans les banlieues, la France s'est scrupuleusement prévalue de l'article 15 et respecté ses obligations formelles lors de la déclaration de l'état d'urgence consécutive aux attaques terroristes du 13 novembre 2015.

Pour aller plus loin

Suite à l'arrêt *Hassan c/ Royaume-Uni* du 16 septembre 2014, plusieurs États sollicitent une réécriture de l'article 15 de la Convention européenne des droits de l'homme afin que celui-ci puisse être activé en cas de ***conflit armé international***. La solution, bien que choquante de prime abord, aurait le mérite de la clarté et éviterait l'articulation actuellement hasardeuse entre le droit de la Convention et le droit international humanitaire, c'est-à-dire un abaissement des standards de protection grâce à une interprétation des restrictions à la lumière des règles du droit international humanitaire.

2 Les stratégies d'approfondissement et d'amplification du contrôle

Les obligations positives

Parmi les techniques élaborées, la Cour a consacré un ensemble d'obligations positives inhérentes au respect des droits généralement formulés sous forme d'engagements négatifs des États. C'est pour la Cour une question d'effectivité (*CEDH, 9 oct. 1979, Airey c/ Irlande*). La jurisprudence distingue :

- les ***obligations positives procédurales***, qui supposent notamment l'organisation des procédures, d'enquêtes… ;
- les ***obligations positives substantielles***, qui prescrivent l'adoption de mesures matérielles.

Malgré le refus réitéré d'une application généralisée à la Convention européenne des droits de l'homme, l'histoire des obligations positives est celle d'un élargissement continu. ***Certains droits conventionnels commandent par nature une action de l'État*** :

- l'article 6, § 1 de la Convention implique la création de juridictions ;
- l'article 2 du protocole n° 1 à la Convention (Conv. EDH, art. 2P1) implique quant à lui la création d'espaces scolaires et universitaires ;
- l'article 3 du protocole n° 1 à la Convention (Conv. EDH, art. 3P1) implique enfin la création l'organisation d'élections.

Pour les autres, les obligations positives ont successivement affecté :

- le droit à la vie familiale (*CEDH, 13 mars 1979, Marckx c/ Belgique*) ;
- la liberté syndicale (*CEDH, 13 août 1981, Young, James et Webster c/ Royaume-Uni*) ;
- la liberté de réunion (*CEDH, 21 juin 1988, Plattform « Arzte für das leben » c/ Autriche*) ;
- le droit à la vie (*CEDH, 9 juin 1998, L.C.B. c/ Royaume-Uni*) ;
- la liberté d'expression (*CEDH, 16 mars 2000, Özgur Gundem c/ Turquie*) ;
- le droit au respect des biens (*CEDH, 25 juill. 2002, Sovtransavto Holding c/ Ukraine*) ;
- l'interdiction des traitements inhumains ou dégradants (*CEDH, 29 avr. 2002, Pretty c/ Royaume-Uni*) ;
- le droit à un environnement sain (*CEDH, 8 juill. 2003, Hatton et a. c/ Royaume-Uni*) ;
- le droit au respect du domicile (*CEDH, 29 juill. 2004, Blecic c/ Croatie*).

En outre, les obligations positives ont passablement bouleversé les rapports d'imputation en obligeant les États à intervenir dans les relations interindividuelles et privées afin de faire respecter les droits garantis par la Convention. Dans leur sillage, cet « ***effet horizontal*** » s'est également diffusé à de nombreux droits (*CEDH, 26 mars 1985, X. et Y. c/ Pays-Bas*).

L'autonomie des notions

Le ***juge européen ne s'estime pas lié par les qualifications juridiques propres aux droits des États membres***. Au mieux servent-elles d'indicateur, comme pour la notion d'accusation en matière pénale de l'article 6, § 1 (*CEDH, 8 juin 1976, Engel et a. c/ Pays-Bas*). Aux sens internistes, la Cour préférera toujours un sens européen qui présente deux avantages :

- premièrement, l'autonomie des notions permet de ***surmonter les exceptions préliminaires*** tirées de la qualification en droit interne ;
- deuxièmement, elle est un levier à la fois ***d'interprétation uniforme du droit de la Convention*** et d'harmonisation des droits nationaux.

Entre autres exemples emblématiques de l'autonomisation, on peut répertorier les notions :

- de « tribunal » (*CEDH, 28 juin 1984, Campbell et Fell c/ Royaume-Uni*) ;
- de « droits et obligations de caractère civil » (*CEDH, 28 juin 1978, König c/ Allemagne*) ;
- d'« arrestation » (*CEDH, 21 févr. 1990, Van der Leer c/ Pays-Bas*) ;
- de « biens » (*CEDH, 23 févr. 1995, Gasus Dosier und Fördertechnik Gmbh c/ Pays-Bas*) ;
- de « peine » (*CEDH, 8 juin 1995, Jamil c/ France*) ;
- d'« association » (*CEDH, 29 avr. 1999, Chassagnou c/ France*) ;
- de « domicile » (*CEDH, 18 nov. 2004, Prokopovich c/ Russie*) ;
- d'« expulsion » (*CEDH, 5 oct. 2006, Bolat c/ Russie*).

Les droits déduits et les droits implicites

C'est à ce niveau que le dynamisme jurisprudentiel de la Cour prend tout son sens, car la Cour a fait produire à certains droits des effets insoupçonnés à l'origine afin d'enrichir substantiellement la Convention.

Elle a ainsi dégagé :

- des ***droits implicites***, c'est-à-dire des droits inhérents à ceux explicitement énoncés dans la Convention (*CEDH, 19 mars 1997, Hornsby c/ Grèce*) ;
- des ***droits dérivés***, fruits d'une création prétorienne qui soumet les États à des obligations totalement nouvelles et parfois inattendues (*CEDH, 24 oct. 2006, Vincent c/ France*).

Dans les deux cas, la cour convoque d'autres instruments internationaux de protection des droits de l'homme afin d'étayer son raisonnement et de légitimer sa démarche ; c'est le cas du *soft law* du Conseil de l'Europe (*CEDH, 11 janv. 2006, Sorensen et Rasmussen c/ Danemark*) et de la Déclaration universelle des droits de l'homme (*CEDH, 29 avr. 1999, Chassagnou c/ France*). Elle fait même parfois fi de l'adhésion de l'État défendeur à ces autres textes pour déduire de nouveaux droits (*CEDH, 12 nov. 2008, Demir et Baykara c/ Turquie : utilisation de la Charte sociale européenne pour interpréter l'article 11 de la Convention européenne des droits de l'homme et dégager un droit conventionnel de négociation collective*).

■ Les techniques d'interprétation

Dernier point, mais non des moindres, la Cour, ministre du sens de la Convention, a opté de longue date pour une ***méthode d'interprétation dynamique***. Forte de sa compétence pour connaître de toutes les questions concernant l'interprétation et l'application de la Convention et de ses protocoles (Conv. EDH, art. 32), elle pratique une ***interprétation à la fois finaliste et évolutive***. L'interprétation est téléologique et finaliste parce que, conformément aux articles 31 à 32 de la Convention de Vienne de 1969 sur le droit des traités, la Cour privilégie l'interprétation la plus propre à atteindre le but et à réaliser l'objet de la Convention (*CEDH, 27 juin 1968, Wemhoff c/ Allemagne*). Elle est évolutive parce qu'effectuée « à la lumière des conditions actuelles » (*CEDH, 25 avr. 1978, Tyrer c/ Royaume-Uni*).

En effet, la Cour considère que les exigences en matière de droits de l'homme s'accroissent au fil du temps et que des pratiques qui pouvaient paraître acceptables à une époque peuvent devenir contraires à la Convention (*CEDH, 28 juill. 1999, Selmouni c/ France*). Dès lors, elle procède à une ***réévaluation permanente des standards*** et une ***adaptation perpétuelle de la Convention***. Ce pouvoir d'interprétation est d'autant plus essentiel que la Convention regorge de notions de vagues ou indéterminées.

Toutefois, l'interprétation « dynamique » n'est pas exclusive. Elle cohabite avec d'autres types de méthodes, comme :

– la ***méthode combinatoire*** (*CEDH, 28 mai 1985, Abdulaziz, Cabales et Balkandali c/ Royaume-Uni*) ;
– la ***méthode consensuelle***, qui donne l'occasion d'études intéressantes de droit comparé (*CEDH, 12 nov. 2008, Demir et Baykara c/ Turquie*).

L'exécution des arrêts européens

Chapitre 6

L'exécution des arrêts est la dernière étape, mais probablement la plus cruciale de l'emprise du droit de la Convention sur les Hautes Parties contractantes. Le Comité des ministres tient ici le premier rôle.

1 L'autorité des arrêts

Contraignants en vertu de l'article 46, § 1 de la Convention européenne des droits de l'homme, les arrêts de la CEDH ne sont néanmoins dotés que d'une ***autorité relative de la chose jugée*** (*CEDH, 21 févr. 1975, Golder c/ Royaume-Uni*).

Mais si leur valeur reste strictement déclaratoire, la Cour a par ailleurs souligné la portée générale de sa jurisprudence et l'***autorité de la chose interprétée*** (*CEDH, 18 juin 1978, Irlande c/ Royaume-Uni*). Le juge européen a même souligné l'effet direct de ses arrêts, soit l'obligation pour les États, parties ou non au litige, d'en tirer les enseignements (*CEDH, 23 mai 1992, Vermeire c/ Belgique*). Il a été entendu par le juge national puisque, le 15 avril 2011, l'Assemblée plénière de la Cour de cassation a souligné que les États adhérents à la Convention « sont tenus de respecter les décisions de la Cour européenne des droits de l'homme, sans attendre d'être attaqués devant elle ni d'avoir modifié leur législation » (*Cass. ass. plén., 15 avr. 2011, n° 10-17049*).

On notera ici la possibilité intéressante pour les juges de faire suivre l'arrêt de leurs ***opinions séparées***, dissidentes ou concordantes, de manière individuelle ou collective, s'ils ne partagent pas le point de vue de la Cour (Conv. EDH, art. 45, § 2). Sans être dotées d'une quelconque autorité, ces opinions fournissent de précieux éclairages sur les décisions.

2 Les voies de recours

Le règlement de la Cour prévoit trois voies de recours :

– le ***recours en interprétation*** (règl. procédure CEDH, art. 79) permet à toute partie de demander à la Cour de préciser le sens et la portée de son arrêt dans un délai d'un an à compter du prononcé de l'arrêt ;

– le ***recours en révision*** (règl. procédure CEDH, art. 80) permet aux parties de saisir la Cour d'une demande en révision en cas de découverte d'un fait qui aurait pu exercer une influence décisive sur l'issue d'une affaire déjà tranchée et qui, à l'époque de l'arrêt, était inconnue de la Cour. La demande doit être présentée dans un délai de 6 mois à partir de la prise de connaissance du fait découvert ;

– la ***rectification d'erreur matérielle*** (règl. procédure CEDH, art. 81) permet de revenir sur les erreurs de plume, de calcul et sur les inexactitudes évidentes. La demande doit être présentée par une partie dans un délai d'un mois à compter du prononcé de la décision ou de l'arrêt. La Cour peut procéder à des rectifications d'office.

3 La portée des arrêts

Conformément à l'article 46, § 1 de la Convention européenne des droits de l'homme, les Hautes Parties contractantes s'engagent à se conformer aux arrêts définitifs de la Cour dans les litiges auxquels elles sont parties.

■ Restitutio in integrum *et satisfaction équitable*

De prime abord, la Cour considère que le mode adéquat de réparation d'une violation de la Convention correspond à la *restitutio in integrum*, la « restitution intégrale ». Les États condamnés doivent ***mettre un terme à la violation et effacer ses conséquences de manière à rétablir la situation antérieure*** (*CEDH, 31 oct. 1995, Papamichalopoulos et a. c/ Grèce*).

Ça n'est qu'à titre subsidiaire, lorsque la remise en l'état initial n'est pas possible, que la personne peut se voir octroyer une ***satisfaction équitable***, c'est-à-dire une réparation par équivalence. Par réalisme autant que pragmatisme, la satisfaction équitable est pourtant devenue le mode de réparation habituel des violations. Ainsi, si la cour déclare qu'il y a eu violation de la Convention ou de ses protocoles et si le droit interne de l'État condamné ne permet qu'imparfaitement d'effacer les conséquences cette violation, l'article 41 de la Convention européenne des droits de l'homme prévoit l'octroi d'une satisfaction équitable à une partie lésée.

Le pouvoir d'appréciation de la Cour en la matière est discrétionnaire. Elle s'octroie même la possibilité de fixer les modalités et la devise du versement. La satisfaction équitable intègre également le dédommagement des frais et dépens.

La réparation du préjudice est subordonnée aux trois conditions classiques :

– premièrement, le ***préjudice doit être personnel***. Toutefois, en cas de décès de la partie lésée, il faudra verser la réparation à l'ayant droit de cette dernière ;
– deuxièmement, le ***préjudice doit être direct***. Si la Cour exige en principe une stricte causalité entre le manquement constaté et le préjudice allégué, elle accepte néanmoins de réparer la « perte d'une chance réelle » (*CEDH, 2 oct. 2003, Sovtransavto Holding c/ Ukraine*) ;
– troisièmement, le ***préjudice doit être certain***. Ici, la Cour accepte de réparer le préjudice matériel comme le préjudice moral. Considérant que l'incertitude générée par la mauvaise gestion d'une faillite par les autorités portugaises, tant pour les membres de la société que pour la société elle-même, a créé un sentiment d'inquiétude, elle a même accepté d'indemniser le préjudice moral d'une société commerciale (*CEDH, 6 avr. 2000, Comingersoll SA c/ Portugal*).

Pour aller plus loin

La restitution intégrale est une ***règle classique du droit international***. On la retrouve dès le 13 septembre 1928 dans la jurisprudence de la Cour permanente de justice internationale à l'occasion de l'*affaire de l'usine de Chorzow*. Elle peut recevoir deux acceptions selon que l'on considère qu'elle implique :

– soit le rétablissement du *statu quo ante*, c'est-à-dire la situation qui existait avant la survenance du fait illicite ;
– soit le rétablissement de la situation qui aurait existé si le fait illicite ne s'était pas produit.

■ *Les mesures d'exécution*

Considérant que les États sont libres dans le choix des moyens utilisés (*CEDH, 13 juill. 2000, Scozzari et Giunta c/ Italie*), la Cour s'est longtemps refusée avec obstination à donner des indications relatives à l'exécution de ses arrêts allant au-delà de l'octroi de la satisfaction équitable.

Critiquée par la doctrine et encouragée par le Comité des ministres à changer d'orientation, elle est devenue de plus en plus directive et ***indique désormais fréquemment les mesures que***

l'État condamné doit prendre pour se mettre en conformité avec son arrêt. Les mesures peuvent être :

– ***soit individuelles*** :
  - restitution d'un bien (*CEDH, 31 oct. 1995, Papamichalopoulos c/ Grèce*),
  - réouverture d'une procédure ou d'une instance (*CEDH, 23 oct. 2003, Gencel c/ Turquie*),
  - remise en liberté (*CEDH, 8 avr. 2004, Assanidze c/ Géorgie*),
  - octroi d'un titre de séjour (*CEDH, 13 déc. 2012, De Souza Ribeiro c/ France*)... ;

– ***soit générales*** :
  - renforcement des services publics (*CEDH, 15 juill. 1999, Mavronichis c/ Chypre*),
  - abandon de pratiques administratives (*CEDH, 20 janv. 2011, El Shennawy c/ France*),
  - modification de la jurisprudence (*CEDH, 29 nov. 1991, Vermeire c/ Belgique*),
  - modification de normes législatives, voire même constitutionnelles (*CEDH, 22 avr. 1993, Modinos c/ Chypre*).

C'est dans le cadre de la ***procédure des « arrêts pilotes »*** que le recours aux mesures générales est le plus spectaculaire.

4 Le rôle du Comité des ministres

Le Comité des ministres, après transmission de l'arrêt définitif, est chargé d'en surveiller la bonne ou la mauvaise exécution (Conv. EDH, art. 46, § 2).

Grâce à la technique des ***résolutions intérimaires***, il aide les États condamnés à identifier les mesures nécessaires et surmonter les blocages. Il évalue les mesures adoptées, leur efficacité, et, s'il estime qu'elles sont satisfaisantes, rend une ***résolution définitive*** par laquelle il déclare avoir rempli ses fonctions.

Pendant longtemps, la Cour ne disposait d'aucune compétence *ratione materiae* lui permettant de condamner un État qui ne se conformait pas à l'un de ses arrêts. Afin de l'aider dans sa tâche, le protocole n° 14 a introduit dans la Convention la ***possibilité pour le Comité des ministres de saisir la Cour*** afin de surmonter :

– soit des ***difficultés d'interprétation*** (Conv. EDH, art. 46, § 3) ;

– soit le ***refus délibéré d'un État de se conformer à un arrêt*** qui le condamne (Conv. EDH, art. 46, § 4 et 5).

Selon qu'elle juge qu'il y a ou non violation, l'affaire sera renvoyée devant le Comité des ministres afin qu'il examine les mesures à prendre ou qu'il clôture son examen.

Malgré ces mécanismes, le système conventionnel de protection des droits de l'homme montre ses limites en cas d'opposition persistante à l'exécution d'un arrêt :

- d'une part, il ne prévoit aucune possibilité d'indemnité ou d'astreinte comparable au recours en manquement du contentieux de l'UE (TFUE, art. 260) ;
- d'autre part, les sanctions envisageables (suspension du droit de représentation, invitation à se retirer, exclusion) sont totalement disproportionnées (statut Cons. Europe, art. 8).

Pour aller plus loin

Le 7 décembre 2017, suite à l'adoption de multiples résolutions intérimaires, le Comité des ministres a ouvert pour la première fois une procédure d'infraction contre l'Azerbaïdjan, en raison du refus persistant des autorités de garantir la libération inconditionnelle du militant politique d'opposition Ilgar Mammadov en application de l'arrêt rendu en 2014 par la Cour européenne des droits de l'homme. L'intéressé a finalement été libéré le 13 août 2018, après 5 ans d'emprisonnement et une condamnation par un tribunal national à 2 ans de prison avec sursis.

L'influence de la Convention européenne des droits de l'homme

Chapitre 7

Outre l'emprise sur le droit et sur les systèmes juridiques et politiques des Hautes Parties contractantes, le droit de la Convention rayonne. Son influence se fait particulièrement ressentir sur le droit de l'UE, mais aussi dans les autres systèmes régionaux de protection des droits de l'homme.

1 L'influence sur le droit interne

Presque aucun des domaines du droit français n'échappe à l'influence de la Convention. Elle est devenue l'un des principaux leviers de compréhension de la jurisprudence du juge judiciaire et du juge administratif, mais aussi, du fait de l'interprétation conforme, du juge constitutionnel. Les exemples de ce qui tient aujourd'hui plus de l'***appropriation volontariste*** que de la discipline juridictionnelle sont innombrables.

En vertu de l'article 55 de la Constitution, la Convention l'emporte sur la loi nationale, tandis que la décision du Conseil constitutionnel du 22 janvier 1999 – conformément à l'arrêt de la Cour européenne *Irlande c/ Royaume-Uni* du 18 janvier 1978 – rend la condition de réciprocité inopérante (*Cons. const., 22 janv. 1999, n° 98-408 DC, Traité portant statut de la Cour pénale internationale*).

Quant à la problématique brûlante relative à l'articulation entre Convention et Constitution, bien qu'elle semble expédiée par les arrêts *Sarran, Levacher et a.* du 30 octobre 1998 pour le Conseil d'État et *Pauline Fraisse* du 2 juin 2000 pour la Cour de cassation, la fidélité à la Constitution est en trompe-l'œil. Chacune de ces juridictions utilise régulièrement le contrôle de conventionnalité afin de contourner l'application d'une loi pourtant dotée d'un brevet de constitutionnalité.

En 2008, Vincent Lamanda, premier président de la Cour de cassation, a dressé la liste des ***mécanismes dont le jeu cumulé permet d'assurer l'effectivité de la Convention***, tant sur le fond du droit que dans l'adaptation des structures et des procédures :

- effet direct faisant traverser au droit européen l'écran de l'ordre juridique interne ;
- hiérarchie des sources et primauté ;
- désignation du juge national comme juge de droit commun du droit européen ;
- effet horizontal ;
- interprétation « à la lumière de... » ;
- éviction judiciaire des règles législatives sans abrogation formelle...

Lors de la rentrée solennelle de la Cour européenne des droits de l'homme en 2010, le vice-président du Conseil d'État, Jean-Marc Sauvé, a fait remarquer que ***près du quart des 3 000 décisions les plus importantes rendues chaque année par le Conseil d'État se prononce sur la violation ou l'absence de violation de droits ou de libertés garantis par la Convention***.

Pour autant, le Conseil d'État refuse obstinément de soulever d'office d'éventuels moyens adossés à la Convention (*CE, ass., 6 déc. 2002, Maciolak*). La Cour de cassation s'est parfois octroyé plus de liberté à ce sujet (*Cass. soc., 14 janv. 1999, Bozkurt c/ CPAM de Saint-Étienne*).

2 L'influence sur le droit de l'Union européenne

Il existe de nombreuses interactions et interférences – parfois même quelques télescopages – entre les deux ordres juridictionnels européens.

De fait, bien avant que l'adhésion de l'UE à la Convention soit envisagée, la CJUE, comme sa devancière la CJCE, appréhende les droits fondamentaux à la lumière de la Convention. Dès 1970, la Cour de justice a estimé que la Convention revêt une « ***signification particulière*** » (*CJCE, 17 déc. 1970, Internationale Handelsgesellschaft*).

Sans être une source formelle, la Convention est la ***source d'inspiration privilégiée*** de la CJUE dans la découverte des ***principes généraux communautaires***. C'est le sens :

- de l'article 6, § 3 du TUE : « Les droits fondamentaux, tels qu'ils sont garantis par la Convention européenne de sauvegarde des droits de l'homme et des libertés fondamentales et tels qu'ils résultent des traditions constitutionnelles communes aux États membres, font partie du droit de l'Union en tant que principes généraux » ;
- du préambule de la Charte des droits fondamentaux de l'Union : « La présente Charte réaffirme, dans le respect des compétences et des tâches de la Communauté et de l'Union, ainsi que du principe de subsidiarité, les droits qui résultent notamment des traditions constitutionnelles et

des obligations internationales communes aux États membres, du traité sur l'Union européenne et des traités communautaires, de la Convention européenne de sauvegarde des droits de l'homme et des libertés fondamentales, des Chartes sociales adoptées par la Communauté et par le Conseil de l'Europe, ainsi que de la jurisprudence de la Cour de justice des Communautés européennes et de la Cour européenne des droits de l'homme. »

Le ***juge de Luxembourg procède donc régulièrement à une interprétation du droit communautaire conforme à la Convention*** et, le plus souvent – même si elle préserve l'apparence d'une autonomie d'interprétation –, telle qu'interprétée par son homologue strasbourgeois. Parmi de multiples exemples, la Cour de justice de l'Union européenne a exploité la notion de « réglementation de l'usage des biens » de l'article 1er du protocole n° 1 à la Convention européenne des droits de l'homme (Conv. EDH, art. 1P1) (*CJCE, 12 mai 2005, Regione autonoma Friuli-Venezia Giula et ERSA c/ Ministère de la Politique agricole et forestière*). Elle a repris à son compte de nombreuses interprétations de la Cour européenne des droits de l'homme – droit à la vie familiale des travailleurs immigrants (*CJCE, 18 mai 1989, Commission c/ Allemagne*), volet pénal de l'article 6, § 1 de la Convention européenne des droits de l'homme (*CJCE, 17 déc. 1998, Baustahhlgewebe GmbH c/ Commission*), discriminations fondées sur l'orientation sexuelle (*CJUE, 10 mai 2011, Röme*) – et a même fini par rallier les positions de cette dernière en matière de reconnaissance d'un droit à la vie privée des entreprises (*CJCE, 22 oct. 2002, Roquette Frères SA*).

Néanmoins, l'influence n'est pas unilatérale, puisque la Cour européenne des droits de l'homme est elle aussi attentive à l'existence d'un autre ordre juridique européen et au travail de son homologue. Du côté de Strasbourg, les interactions et interférences entre juges européens ont emprunté trois voies. Tout d'abord, la Cour prend en compte l'***existence de l'Union européenne***, que ce soit la présence :

- d'une norme de l'Union (*CEDH, 16 avr. 2002, SA Dangeville c/ France*) ;
- d'une jurisprudence de la Cour de justice de l'Union européenne (*CEDH, 29 mars 1999, Hornsby c/ Grèce*) ;
- d'une citoyenneté de l'Union (*CEDH, 24 juin 2010, Schalk et Kopf c/ Autriche*) ;
- d'un intérêt général communautaire (*CEDH, 30 juin 2005, Bosphorus Airways c/ Irlande*).

La Cour pratique aussi un contrôle indirect du droit de l'Union européenne portant à la fois :

- sur le droit dérivé (*CEDH, 15 nov. 1996, Cantoni c/ France*) ;
- sur le droit primaire (*CEDH, 18 déc. 1999, Matthews c/ Royaume-Uni*).

Enfin, l'Union lui sert de ***réservoir d'idées juridiques*** d'un point de vue :

- soit normatif, lorsque la Cour s'inspire de l'arrêt de la Cour de justice des communautés *Giovanni Maria Sotgiu c/ Deutsche Bundespost* du 12 février 1974 relatif aux discriminations indirectes ou dissimulées (*CEDH, 13 nov. 2007, D.H. c/ République tchèque*) ;

– soit institutionnel, lorsque la Cour observe que l'avocat général auprès de la CJCE, institution directement inspirée de celle du commissaire du gouvernement français, n'assiste pas aux délibérés (*CEDH, 7 juin 2001, Kress c/ France*).

La Cour s'est même penchée sur le ***droit à un renvoi préjudiciel devant la Cour de justice de l'Union européenne*** et sa devancière. Elle souligne notamment qu'il n'existe pas de droit général à un renvoi préjudiciel (*CEDH, 22 juin 2000, Coëme c/ Belgique*). Toutefois, dans certaines circonstances, le refus opposé par une juridiction nationale appelée à se prononcer en dernière instance peut porter atteinte au principe d'équité de la procédure (pour un exemple récent de non-violation, voir *CEDH, 20 septembre 2009, Ullens de Schooten et Rezabek c/ Belgique*).

3 L'influence sur les autres mécanismes de protection régionaux des droits de l'homme

L'Europe n'est pas le seul continent à s'être doté d'une juridiction vouée au respect des droits de l'homme et des libertés fondamentales. Or, comme l'observaient en 2003 Gérard Cohen-Jonathan et Jean-François Flauss, « la jurisprudence de la Cour européenne est assez précise et exemplaire pour servir de modèle aux autres juridictions et aux comités conventionnels chargés de contrôler le respect des droits de l'homme ainsi qu'aux juridictions pénales internationales ».

La ***Cour interaméricaine des droits de l'homme*** a copié certaines audaces du juge européen et adopté plusieurs de ses interprétations du droit international et des principes généraux du droit international.

De son côté, la ***Cour africaine des droits de l'homme et des peuples*** semble parfois suivre, à marche forcée et à un demi-siècle de distance, un chemin analogue à celui emprunté par la Cour européenne.

Toujours en Afrique, forte du protocole du 19 janvier 2005 qui lui permet une mutation en juge des droits de l'homme, la ***Communauté économique des États de l'Afrique de l'Ouest (CEDEAO)*** s'est également inspirée à plusieurs reprises du droit et du système de la Convention, notamment afin d'abandonner la règle de l'épuisement des voies de recours internes.

Certes, à bien des égards, le système conventionnel peut servir de modèle ou de source d'inspiration aux autres systèmes de protection régionale. Néanmoins, la réciproque est souvent avérée et c'est davantage la circulation des idées juridiques qui préside à leurs relations. Toutes ces juridictions vouées à la protection des libertés fondamentales participent à la juridictionnalisation et à la richesse du droit international des droits de l'homme.

Les droits protégés

PARTIE 2

Chapitre 8 - Les droits de l'intégrité 83
Chapitre 9 - Les droits procéduraux 95
Chapitre 10 - Les droits à la liberté 109
Chapitre 11 - Les droits de l'intimité 129
Chapitre 12 - Les droits de l'action sociale et politique 139
Chapitre 13 - Les droits de l'étranger 149
Chapitre 14 - Égalité et non-discrimination 153

Les droits de l'intégrité

Chapitre 8

1 Le droit à la vie (Conv. EDH, art. 2, 1P6 et 1P13)

Premier des droits énoncés par la Convention, le droit à la vie est aussi l'un des plus importants. Non seulement il consacre une des ***valeurs fondamentales des sociétés démocratiques*** qui forment le Conseil de l'Europe (*CEDH, 20 déc. 2004, Makaratzis c/ Grèce*), mais encore il fait partie de ce que la doctrine appelle le « noyau dur » des droits conventionnels, c'est-à-dire qu'il est, au sens de l'article 15 de la Convention européenne des droits de l'homme, insusceptible de faire l'objet d'une dérogation en cas de guerre ou en cas d'autre danger public menaçant la vie de la nation. Outre la question de la peine de mort, cette disposition a fourni au juge européen de nombreuses occasions, souvent manquées, de se prononcer sur de grands débats de société européens : suicide, euthanasie, avortement, procréation médicalement assistée...

■ *Les contours du droit à la vie*

En reconnaissant que le droit de toute personne à la vie est protégé par la loi sans donner de précisions sur son contenu ou ses contours, l'article 2, § 1 de la Convention européenne des droits de l'homme pose plus de questions qu'il n'apporte de réponses.

a) Le début de la vie

Compte tenu de la dimension juridique, médicale, philosophique, éthique et religieuse de la définition de la personne humaine ainsi que du défaut de consensus entre les États membres du

Conseil de l'Europe, la Cour considère que le point de départ du droit à la vie relève de la marge d'appréciation des États. Elle reste convaincue qu'il n'est ni souhaitable ni réalisable de répondre dans l'abstrait à la question de savoir si l'enfant à naître est une « personne » au sens de l'article 2 de la Convention européenne des droits de l'homme. Par conséquent, la Cour évite soigneusement de se prononcer frontalement sur le droit à la vie de l'enfant à naître et lie le droit à la vie de l'***enfant à naître*** au droit à la vie de la mère. Par conséquent, il n'y a pas besoin d'examiner de manière séparée le droit à la vie du ***fœtus*** (*CEDH, 11 oct. 2016, Sayan c/ Turquie*). Dans le même ordre d'idée, la négligence d'un médecin ayant provoqué une fausse couche n'est pas constitutive d'une violation du droit à la vie de l'enfant (*CEDH, 8 juill. 2004, Vo c/ France*). Les ***embryons issus de fécondation in vitro*** ne sont pas davantage protégés par l'article 2, § 1 et peuvent être détruits si l'un des géniteurs retire son consentement (*CEDH, 10 avr. 2007, Evans c/ Royaume-Uni*).

S'il n'est heureusement impossible d'analyser l'avortement comme une ingérence dans le droit à la vie, ***la Cour refuse obstinément de reconnaître l'existence d'un droit conventionnel à l'avortement*** (*CEDH, 16 déc. 2010, A.B.C. c/ Irlande*) alors même qu'il existe par ailleurs un consensus au niveau européen en sa faveur, notamment depuis l'autorisation de l'avortement en Irlande depuis le 13 décembre 2018. A minima, la Cour considère que l'interruption de grossesse touche au domaine de la vie privée et que l'article 8 de la Convention européenne des droits de l'homme peut engendrer des obligations positives dans le domaine thérapeutique lorsque la grossesse constitue une menace pour la vie ou la santé de la requérante (*CEDH, 20 mars 2007, Tysiac c/ Pologne*). Elle protège par ailleurs, sur le fondement de l'article 10 de la Convention européenne des droits de l'homme, les discours en faveur de l'avortement ou les conseils dispensés aux femmes pour accéder à l'avortement dans d'autres États (*CEDH, 29 oct. 1992, Open Door et Dublin Well Woman c/ Irlande*).

b) La fin de la vie

Sans exclure que le choix d'éviter une fin de vie indigne et pénible puisse avoir des implications sur le droit au respect de la vie privée, la Cour récuse l'idée que le droit à la vie puisse s'interpréter comme comportant un aspect négatif (*CEDH, 29 avr. 2002, Pretty c/ Royaume-Uni*). À l'instar du début de la vie, c'est le dissensus européen sur le sujet qui sert d'étai au maintien d'une considérable marge d'appréciation en faveur des États (*CEDH, 20 janv. 2011, Haas c/ Suisse*).

Pour aller plus loin

Les apports de la très médiatique affaire Vincent Lambert sont très limités (*CEDH, 5 juin 2015, Vincent Lambert c/ France*). Outre un raisonnement erratique au niveau de la recevabilité et de la qualité pour agir, la Cour convoque l'absence de consensus et la marge d'appréciation afin de ne pas se prononcer sur l'existence d'un droit conventionnel à l'***abstention thérapeutique***. Comme dans l'affaire *Afiri et Biddari c/ France* relative à l'arrêt des traitements dispensés à une enfant mineure sans le consentement des parents, la Cour concentre son contrôle sur le cadre législatif et sa mise en œuvre (*CEDH, 25 janv. 2018, Afiri et Biddari c/ France*).

■ *Les limites du droit à la vie*

Bien qu'intangible, le droit à la vie ménage quelques autorisations d'ingérence aux États.

a) Le recours à la force meurtrière par l'État

Aux termes de l'article 2, § 2 de la Convention européenne des droits de l'homme, la mort n'est pas considérée comme infligée en violation de la Convention dans les cas où elle résulte d'un ***recours à la force rendu absolument nécessaire*** pour assurer la ***défense de toute personne contre la violence illégale***, pour effectuer une ***arrestation régulière*** ou pour ***empêcher l'évasion d'une personne*** régulièrement détenue ou pour réprimer, conformément à la loi, ***une émeute ou une insurrection***.

La Cour insiste sur l'absolue nécessité du recours à la force. Elle exerce un contrôle renforcé de la proportionnalité dans l'appréciation des mesures ayant abouti au décès (*CEDH, 27 sept. 1995, McCann et a. c/ Royaume-Uni*). L'article 2, § 2 de la Convention européenne des droits de l'homme ne saurait être interprété comme un blanc-seing accordé aux États, y compris en période de conflit armé (*CEDH, 24 févr. 2005, Isayeva c/ Russie*).

b) La neutralisation de la peine de mort

Conformément à la logique du droit international des droits de l'homme, l'article 2, § 1 de la Convention européenne des droits de l'homme pris *in fine* autorise la privation de vie « en exécution d'une sentence capitale prononcée par un tribunal au cas où le délit est puni de cette peine par la loi ».

Toutefois, soucieux de faire de l'Europe un espace sans peine de mort, le Conseil de l'Europe a proposé aux États une abolition à la carte en faisant adopter deux protocoles additionnels.

L'***article 1P6 interdit le recours à la peine de mort, sauf pour les actes commis en temps de guerre*** ou de danger imminent de guerre. L'article ***1P13 prohibe le supplice en toutes circonstances***. Ces deux interdictions ne peuvent ni faire l'objet de dérogations au titre de l'article 15 de la Convention européenne des droits de l'homme ni de réserves au titre de l'article 57 de la même Convention. Actuellement, 44 des 47 membres du Conseil de l'Europe ont signé et ratifié ces deux textes. Seuls l'Arménie, l'Azerbaïdjan et la Fédération de Russie persistent à ne pas le faire. La Russie n'a même pas ratifié le protocole n° 6. Après l'expiration d'un moratoire décidé en 2008, la Fédération a néanmoins décidé de maintenir l'interdiction des exécutions. Quant à Vladimir Poutine, il a fait connaître à plusieurs reprises sa préférence pour la peine de réclusion à perpétuité.

Parallèlement, le juge européen a manifesté son hostilité à ce qu'il considère comme « ***une forme inacceptable de sanction*** ». Pour la Cour, il est tout à fait possible de traduire la franche tendance à l'abolition, matérialisée par les protocoles nos 6 et 13, comme un accord des États contractants pour abroger – ou du moins modifier – la deuxième phrase de l'article 2, § 1 (*CEDH, 12 mai 2005, Öcalan c/ Turquie*). Dans le prolongement, l'arrêt *Al-Saadoon et Mufdhi c/ Royaume-Uni* du 2 mars 2010 n'exclut pas la possibilité que l'article 2 se trouve déjà modifié, de telle manière qu'il ne ménage plus d'exception autorisant la peine de mort.

■ La responsabilité de protéger la vie des individus

La Cour a consolidé la protection du droit à la vie en activant la théorie des obligations positives conjuguée à l'effet horizontal de la Convention. La responsabilité de protéger qui en découle s'est déployée dans de nombreux domaines :

- personnes placées en détention (*CEDH, 19 oct. 2008, Renolde c/ France*) ;
- personnes exposées à des risques écologiques (*CEDH, 29 sept. 2008, Boudaïeva et a. c/ Russie*) ;
- personnes exposées aux violences d'autrui (*CEDH, 14 sept. 2010, Dink c/ Turquie*), spécialement celles exercées à l'encontre des femmes (*CEDH, 7 janv. 2010, Rantsev c/ Chypre et Russie*).

Non seulement les États doivent s'abstenir de provoquer la mort de manière volontaire et irrégulière, mais ils s'engagent également à ***prendre toutes les mesures nécessaires à la protection de la vie des personnes*** relevant de leur juridiction, notamment par la mise en place d'une législation pénale concrète s'appuyant sur un mécanisme d'application (*CEDH, 28 oct. 1998, Osman c/ Royaume-Uni*). L'absence d'un lien direct entre l'État et la mort d'un individu n'exclut pas de lui imputer une responsabilité (*CEDH, 26 juill. 2007, Anguelova et Iliev c/ Bulgarie*). Cette jurisprudence a également trouvé une application remarquable en milieu hospitalier. Les États doivent mettre en place un cadre réglementaire effectif obligeant les établissements hospitaliers, qu'ils soient publics ou privés, à adopter les mesures appropriées pour protéger la vie des patients (*CEDH, 19 déc. 2017, Lopes de Sousa Fernandes c/ Portugal*).

L'article 2 de la Convention européenne des droits de l'homme impose notamment aux États des ***obligations positives procédurales***. Il implique notamment que les États mènent une enquête sur les décès en respectant les exigences d'indépendance, de célérité, de diligence et de transparence (*CEDH, 14 mars 2002, Paul et Audrey Edwards c/ Royaume-Uni*). Cette obligation est renforcée lorsque les évènements ont été motivés par des sentiments de haine ou des préjugés fondés sur l'origine ethnique (*CEDH, 6 juill. 2005, Natchova et a. c/ Bulgarie*) ou si le décès résulte de sévices liés à la valence différentielle des sexes (*CEDH, 9 juin 2009, Opuz c/ Turquie*).

Nonobstant, il ne saurait être déduit de ces obligations un fardeau insupportable ou excessif pesant sur les États. Les obligations de prévenir, d'enquêter et, le cas échéant, de poursuivre ne sont que des obligations de moyen. Les États doivent avoir pris, dans le cadre de leurs pouvoirs, les mesures qui, d'un point de vue raisonnable, auraient sans doute pallié le risque de décès.

2 L'interdiction de la torture, des peines et traitements inhumains ou dégradants (Conv. EDH, art. 3)

À l'instar de son article 2, l'article 3 de la Convention européenne des droits de l'homme consacre l'une des ***valeurs les plus fondamentales des sociétés démocratiques*** qui forment le Conseil de l'Europe (*CEDH, 20 déc. 2004, Makaratzis c/ Grèce*). C'est dans le cadre de l'interdiction formulée par cette disposition que la Cour a tiré pour la première fois la ***dignité humaine*** de son écrin d'évidence (*CEDH, 22 nov. 1995, S.W. c/ Royaume-Uni*). Principe herméneutique de la Convention selon Laurence Burgorgue-Larsen, il irrigue désormais l'intégralité de la Convention.

■ La distinction entre torture, peines et traitements inhumains ou dégradants

L'***intensité des souffrances*** permet de distinguer entre les différentes notions évoquées par l'article 3 de la Convention européenne des droits de l'homme (*CEDH, 29 avr. 2002, Pretty c/ Royaume-Uni*). Sans aucun doute la plus grave, la torture est marquée d'une « infamie spéciale » et d'une « volonté délibérée » de faire subir des traitements inhumains provoquant de « fort graves et cruelles souffrances » (*CEDH, 28 juill. 1999, Selmouni c/ France*). Le traitement inhumain ou la peine inhumaine sont ceux qui provoquent intentionnellement de graves souffrances mentales ou physiques qui ne peuvent pas être justifiées (*Comm. EDH, 5 nov. 1969, Affaire grecque*). Quant au traitement dégradant, il est celui qui humilie grossièrement l'individu ou le pousse à agir contre sa volonté ou sa conscience (*CEDH, 25 avr. 1978, Tyrer c/ Royaume-Uni*).

La frontière entre ces comportements n'est pas figée. ***Les notions de torture et de traitements inhumains ou dégradants font l'objet d'une interprétation évolutive***, c'est-à-dire « à la lumière des conditions de vie actuelles ». Dès lors, rien n'empêche que des actes autrefois qualifiés de traitements inhumains soient à l'avenir qualifié de tortures, eu égard au niveau d'exigence croissant en matière de protection des droits de l'homme et des libertés fondamentales (*CEDH, 28 juill. 1999, Selmouni c/ France*).

En toutes hypothèses, tous les traitements n'entrent pas dans le spectre de l'article 3 de la Convention européenne des droits de l'homme. L'activation de ce dernier nécessite un niveau minimal de gravité (*CEDH, 18 janv. 1978, Irlande c/ Royaume-Uni*).

■ *La responsabilité de protéger l'intégrité physique des individus*

Comme dans le cadre de l'article 2 de la Convention européenne des droits de l'homme, la Cour a procédé à un dédoublement de l'article 3 afin de soumettre les États non plus seulement à une obligation essentiellement négative, mais également à une série d'***obligations positives substantielles et procédurales***.

Combiné avec l'article 1er de la Convention européenne des droits de l'homme relatif aux obligations des Hautes Parties contractantes, l'article 3 leur commande de prendre toutes les mesures propres à empêcher que lesdites personnes ne soient soumises à des tortures ou à des peines ou traitements inhumains ou dégradants, même administrés par des particuliers. Il convient d'interpréter cette obligation de manière à ne pas imposer aux autorités un fardeau excessif, eu égard notamment à l'imprévisibilité du comportement humain ainsi qu'aux choix opérationnels à faire en termes de priorités et de ressources. Dès lors, tout risque de mauvais traitement n'oblige pas les autorités à prendre des mesures concrètes pour en prévenir la réalisation. Cependant, les mesures requises doivent au moins permettre une protection efficace, notamment celle des enfants et autres personnes vulnérables, et inclure des mesures raisonnables pour empêcher de mauvais traitements dont les autorités avaient ou auraient dû avoir connaissance (*CEDH, 26 mars 1985, X. et Y. c/ Pays-Bas*).

Par ailleurs, les États s'engagent, à chaque fois qu'il y a motif de le faire, à ***diligenter des enquêtes*** et, le cas échéant, ***poursuivre les auteurs*** en offrant au requérant l'***accès à des procédures juridictionnelles effectives*** qui puissent lui permettre de consulter son dossier et faire redresser les violations alléguées (*CEDH, 28 oct. 1998, Assenov c/ Bulgarie*). Ces obligations procédurales ont été intégrées par le contentieux de l'article 13 de la Convention européenne des droits de l'homme relatif au droit à un recours effectif (*CEDH, 30 juin 2004, Bati et a. c/ Turquie*).

Ici encore, le caractère privé des actes litigieux n'empêche pas d'imputer une responsabilité aux États, qui doivent prendre toutes les mesures susceptibles d'empêcher que les personnes placées sous leur juridiction ne subissent des traitements prohibés par l'article 3 (*CEDH, 23 sept. 1998, A. c/ Royaume-Uni*).

La protection de l'intégrité physique des personnes vulnérables

L'application de l'article 3 de la Convention européenne des droits de l'homme tient compte de la vulnérabilité des victimes, particulièrement s'il pèse sur l'individu un risque de « chosification » aux mains de la puissance publique. La gravité ou l'intensité des souffrances infligées sont notamment évaluées à l'aune de la durée du traitement litigieux, de son mode d'exécution, de ses effets physiques et mentaux, du sexe, de l'âge et de l'état de santé de la victime.

a) Les personnes en détention

L'article 3 de la Convention européenne des droits de l'homme impose à l'État de s'assurer :

- que tout prisonnier est détenu dans des conditions qui sont compatibles avec le respect de la dignité humaine ;
- que les modalités d'exécution de la mesure ne soumettent pas l'intéressé à une détresse ou à une épreuve d'une intensité qui excède le niveau inévitable de souffrance inhérent à la détention ;
- que, eu égard aux exigences pratiques de l'emprisonnement, la santé et le bien-être du prisonnier sont assurés de manière adéquate, notamment par l'administration des soins médicaux requis (*CEDH, 26 oct. 2000, Kudla c/ Pologne*).

Le contentieux en la matière a permis l'émergence d'un ***droit pénitentiaire européen***, droit qui a largement contribué à matérialiser un respect *a minima* de la dignité humaine dans les prisons françaises :

- conditions d'hygiène en cellule (*CEDH, 15 juill. 2002, Kalachnikov c/ Russie*) ;
- fouille corporelle des détenus (*CEDH, 20 janv. 2011, El Shennawy c/ France*) ;
- isolement cellulaire (*CEDH, 8 juill. 2004, Ilascu et a. c/ Moldova et Russie*) ;
- transfèrements répétés d'établissements pénitentiaires (*CEDH, 9 juill. 2009, Khider c/ France*) ;
- mauvais traitements infligés par des gardiens de prison (*CEDH, 13 févr. 2014, Tali c/ Estonie*) ou par des codétenus (*CEDH, 10 févr. 2011, Premininy c/ Russie*) ;
- surpopulation carcérale (*CEDH, 20 oct. 2011, Mandic et Jovic c/ Slovénie et Štrucl et a. c/ Slovénie*).

Pour aller plus loin

En ce qui concerne les ***peines perpétuelles***, seules les peines véritablement incompressibles sont inhumaines et dégradantes (*CEDH, 4 sept. 2014, Trabelsi c/ Belgique*). L'article 3 de la Convention européenne des droits de l'homme doit être interprété comme exigeant qu'elles soient compressibles, c'est-à-dire soumises à un réexamen permettant aux autorités nationales de rechercher si, au cours de l'exécution de sa peine, le détenu a tellement évolué et progressé sur le chemin de l'amendement qu'aucun motif légitime d'ordre pénologique ne permet plus de justifier son maintien en détention (*CEDH, 9 juill. 2013, Vinter et a. c/ Royaume-Uni*). Néanmoins, les États jouissent d'une large marge d'appréciation quant à la forme et les délais d'intervention de ce réexamen. La Cour exige uniquement que la personne condamnée puisse connaître, dès le début de sa peine, ce qu'il doit faire pour que sa libération soit envisagée et ce que sont les conditions applicables. Il a le droit, notamment, de connaître le moment où le réexamen de sa peine aura lieu ou pourra être sollicité. Partant, le système français de réclusion criminelle à perpétuité et sa période de sûreté peuvent aller jusqu'à 22 ans dans la catégorie des peines admissibles (*CEDH, 13 nov. 2014, Bodein c/ France*).

b) Les étrangers

Le bouclier conventionnel proposé par l'article 3 concerne principalement les migrants en détention ou en ***rétention administrative*** (*CEDH, 21 janv. 2011, M.S.S. c/ Belgique et Grèce*) et les personnes menacées d'une ***mesure d'éloignement*** vers un pays dans lequel elles risquent de subir un traitement contraire aux prescriptions de celui-ci (*CEDH, 7 juill. 1989, Soering c/ Royaume-Uni*). La responsabilité de l'État qui extrade ou expulse peut être engagée, que le pays de destination soit ou non un État partie à la Convention, s'il existe des « motifs sérieux » de penser que le requérant court un « risque réel » de mauvais traitements.

La menace peut indifféremment être motivée par :

- les engagements politiques du requérant (*CEDH, 26 juill. 2005, N. c/ Finlande*) ;
- l'appartenance à une minorité nationale (*CEDH, 16 oct. 2012, Makhmudzhan Ergashev c/ Russie*) ;
- des persécutions religieuses (*CEDH, 6 juin 2013, M.E. c/ France*) ;
- le risque de mauvais traitements infligés par des tiers et l'incapacité de l'État de destination de le protéger (*CEDH, 28 juin 2011, Sufi et Elmi c/ Royaume-Uni*) ;
- l'impossibilité de recevoir des soins appropriés à son état de santé (*CEDH, 27 mai 2008, N. c/ Royaume-Uni*).

c) Les femmes

Depuis quelques années, la protection de la femme est devenue à la fois l'une des priorités du Conseil de l'Europe et un axe majeur de la jurisprudence européenne, que ce soit dans le cadre de ***violences infligées par des agents de l'État*** (*CEDH, 13 mai 2008, Juhnke c/ Turquie*) ou de ***violences domestiques*** (*CEDH, 9 juin 2009, Opuz c/ Turquie*). L'arrêt *M.C. c/ Bulgarie* du 4 décembre 2003 articule la question du viol autour du défaut de consentement exprès. L'absence de résistance ou la passivité des victimes d'abus sexuels n'empêchent pas la qualification de viol. La Cour relève que, bien souvent, les femmes ne résistent pas pour des raisons psychologiques ou par peur de violences supplémentaires. La Cour souligne, en outre, l'obligation de poursuivre les auteurs d'actes sexuels imposés même en l'absence de résistance physique de la victime.

Conjuguant deux facteurs de vulnérabilité, la Cour protège les femmes menacées d'expulsion contre les ***violences sexospécifiques*** qu'elles pourraient subir dans le pays de destination : crime d'honneur (*CEDH, 28 juin 2012, A.A. c/ Suède*), exclusion sociale consécutive à une relation extra-conjugale (*CEDH, 20 juill. 2010, N. c/ Suède*), mutilations génitales (*8 mars 2007, Collins et Akaziebie c/ Suède*) et traite et prostitution contrainte (*CEDH, 29 nov. 2011, V.F. c/ France*).

d) Les mineurs

Les mineurs ont droit à une éducation sans violence, fut-elle institutionnalisée (*CEDH, 25 avr. 1978, Tyrer c/ Royaume-Uni*). La Cour a ainsi qualifié de dégradants les ***châtiments corporels*** à l'école dont étaient menacés deux lycéens de Cowdenbeath en Écosse (*CEDH, 25 févr. 1982, Campbell et Cosans c/ Royaume-Uni*). L'ancienne tolérance française pour la ***fessée***, à condition qu'il s'agisse « de gifles ou de tapes inoffensives » était-elle menacée par l'article 3 de la Convention européenne des droits de l'homme ? C'est plausible. La prochaine loi interdisant les violences éducatives ordinaires a vidé le débat de son utilité.

Ici encore, pèse sur l'État une obligation de protéger les mineurs contre les maltraitances, qu'elles soient directement imputables à un agent public ou commises dans un cercle privé ou familial. Cette obligation concerne tout autant les violences ordinaires que celles à caractère sexuel (*CEDH, 4 déc. 2003, M.C. c/ Bulgarie*).

e) Les personnes âgées

Les personnes âgées ne forment pas une catégorie vulnérable en soi. Seules les personnes âgées placées dans des établissements (*CEDH, 21 juill. 2011, Heinisch c/ Allemagne*) ou privées de capacité juridique (*CEDH, 16 juill. 2009, Zehentner c/ Autriche*) sont jugées par essence vulnérables. Néanmoins, le juge européen tient fréquemment compte de l'âge des requérants dans la mise en œuvre des critères d'application de l'article 3 de la Convention européenne des droits de l'homme, notamment en cas d'incarcération. Elle rappelle que la Convention n'interdit pas leur emprisonnement (*CEDH, 7 juin 2001, Papon c/ France*), mais le fait de ne pas prodiguer aux détenus les soins médicaux nécessaires peut constituer un traitement inhumain (*CEDH, 29, mais 2001, Sawoniuk c/ Royaume-Uni*). Par conséquent, l'État est tenu, le cas échéant, d'adopter des mesures spécifiques en vue d'assurer le bien-être des personnes âgées privées de leur liberté. Cela peut même aller jusqu'à des mesures d'aménagement de la peine, voire d'ajournement de l'exécution et d'élargissement (*CEDH, 11 févr. 2014, Contrada c/ Italie n° 2*).

La Cour se montre en revanche très réticente à entendre l'argument tiré de l'âge avancé en matière d'éloignement (*CEDH, 18 nov. 2014, Senchishak c/ Finlande*) ou de pauvreté (*CEDH, 18 juin 2009, Budina c/ Russie*), confirmant au passage son indifférence ou l'inadaptation de la Convention à l'égard du dénuement (*CEDH, 6 nov. 2017, Garib c/ Pays-Bas*).

3 L'interdiction de l'esclavage, du travail forcé et de la servitude (Conv. EDH, art. 4)

Longtemps resté en sommeil, l'article 4 de la Convention européenne des droits de l'homme consacre l'une des ***valeurs fondamentales des sociétés démocratiques*** (*CEDH, 7 juill. 2011, Stummer c/ Autriche*). En dépit de cette affirmation, la jurisprudence européenne est assez décevante à l'aune de l'importance historique et juridique des prohibitions concernées.

■ *La distinction entre esclavage, travail forcé et servitude*

Première notion interdite par l'article 4, § 1 de la Convention européenne des droits de l'homme, l'***esclavage*** est « l'état ou condition d'un individu sur lequel s'exercent les attributs du droit de propriété ou certains d'entre eux ». Si la Cour a fait une application spectaculaire de cette notion en matière de travail domestique (*CEDH, 26 oct. 2005, Siliadin c/ France*), elle en retient par ailleurs une conception étriquée. En effet, elle a refusé de considérer que les mariages arrangés peuvent reposer sur une logique de patrimonialisation de la femme (*CEDH, 31 juill. 2012, M. et a. c/ Italie et Bulgarie*).

La ***servitude***, notion proche de l'esclavage, recouvre quant à elle une « forme de négation de la liberté particulièrement grave » qui, en plus de l'obligation de fournir à autrui certains services, comprend celle de vivre sur la propriété d'autrui et l'impossibilité de changer sa condition (*CEDH, 7 mars 2000, Seguin c/ France*).

Visé à l'article 4, § 2, le ***travail forcé ou obligatoire***, désigne « tout travail ou service exigé d'un individu sous la menace d'une peine quelconque et pour lequel ledit individu ne s'est pas offert de son plein gré » (*CEDH, 23 nov. 1983, Van der Mussele c/ Belgique*). La Cour se réfère à la nature et au volume de l'activité litigieuse afin de distinguer le travail forcé de ce qui peut, par exemple, relever de la cohabitation ou de l'entraide familiale. Le fardeau ne doit pas être disproportionné par rapport aux avantages retirés de la tâche exigée. Le juge conventionnel a été assailli d'une série de requêtes parfois fantaisistes, voire sordides, émanant de personnes exerçant une profession réglementée assortie d'obligations solidaires : avocat ou notaire refusant d'être commis d'office ou d'agir bénévolement au bénéfice de personnes indigentes (*CEDH, 18 oct. 2011, Graziani-Weiss c/ Autriche*), médecin du travail se plaignant d'être obligé de travailler hors des heures de travail normales sans indemnisation pécuniaire (*CEDH, 6 févr. 2018, Adigüzel c/ Turquie*).

Seuls l'esclavage et la servitude n'autorisent pas de dérogations au sens de l'article 15 de la Convention européenne des droits de l'homme, c'est-à-dire en cas d'état d'urgence.

Pour aller plus loin

S'inspirant de l'article 4 de la Déclaration universelle des droits de l'homme, l'article 4 de la Convention européenne des droits de l'homme ne mentionne pas la notion de ***traite***, forme moderne du commerce mondial des esclaves – souvent des femmes destinées à l'industrie du sexe –, qui s'est accélérée en Europe suite à l'effondrement du bloc soviétique. Cette carence réduit considérablement l'efficacité du système conventionnel, notamment pour engager la responsabilité des États pourvoyeurs de marchandise humaine. Pour la Cour, la traite des êtres humains s'apparente à l'esclavage compte tenu de sa nature et des fins d'exploitation qu'elle poursuit. La personne devient l'objet de l'exercice d'un pouvoir comparable au droit de propriété (*CEDH, 7 janv. 2010, Rantsev c/ Chypre et Russie*). La Cour a ainsi conclu à la violation de l'article 4 de la Convention européenne des droits de l'homme dans plusieurs affaires où des requérantes avaient été astreintes à la prostitution dans le cadre de réseaux (*CEDH, 21 janv. 2016, L.E. c/ Grèce ; CEDH, 19 juill. 2018, S.M. c/ Croatie*).

Les exceptions à l'interdiction du travail forcé ou obligatoire

L'article 4, § 3 de la Convention européenne des droits de l'homme ménage d'emblée quatre exceptions au champ d'application du « travail forcé ou obligatoire » :

- le ***travail requis normalement d'une personne soumise à la détention***, ou durant sa mise en liberté conditionnelle (*CEDH, Van Droogenbroeck c/ Belgique*) ;

– le ***service de caractère militaire*** (*Comm. EDH, 19 juill. 1968, W., X., Y. et Z. c/ Royaume-Uni*) ou, dans le cas d'objecteurs de conscience, le service obligatoire susceptible de s'y substituer (*CEDH, 7 juill. 2011, Bayatyan c/ Arménie*) ;
– les ***services requis dans le cas de crises ou de calamités*** qui menacent la vie ou le bien-être de la communauté (*Comm. EDH, 4 oct. 1984, S. c/ Allemagne*) ;
– les ***obligations civiques normales***.

Cette dernière exception a donné lieu à une jurisprudence abondante concernant :
– l'obligation faite aux avocats d'être régulièrement commis d'office afin de défendre les justiciables les plus indigents (*CEDH, 23 nov. 1983, Van der Mussele c/ Belgique*), et d'endosser éventuellement le rôle de curateur (*CEDH, 18 oct. 2011, Grazziani-Weiss c/ Autriche*) ;
– l'obligation pour les médecins de participer au service médical d'urgence (*CEDH, 14 sept. 2010, Steindel c/ Allemagne*), et d'effectuer des consultations médicales gratuites (*Comm. EDH, 28 juin 1995, Reitmayr c/ Autriche*) ;
– le service de jury obligatoire (*CEDH, 20 juin 2006, Zarb Adami c/ Malte*) ;
– le service obligatoire de sapeur-pompier ou la contribution financière à payer le cas échéant au lieu de servir (*CEDH, 18 juill. 1994, Karlheinz Schmidt c/ Allemagne*) ;
– l'obligation imposée aux entreprises de calculer et de retenir certains impôts ou contributions sociales sur les salaires et rémunérations de leurs employés (*Comm. EDH, 27 sept. 1976, Sociétés W., X., Y. et Z. c/ Autriche*).

■ Un terrain d'application privilégié des obligations positives

La Cour active la théorie des obligations positives dès l'arrêt *Siliadin c/ France* du 26 octobre 2005. Elle estime que la législation pénale française en vigueur à l'époque n'a pas assuré à la requérante une protection concrète et effective contre les actes dont elle avait été victime.

Ces obligations sont de trois ordres (*CEDH, 13 nov. 2012, C.N. c/ Royaume-Uni*) :
– la ***mise en place d'un cadre juridique et réglementaire approprié*** à la protection des individus contre les actes visant à les réduire esclavage ou en servitude ou à les soumettre à un travail forcé ou obligatoire ;
– la ***mise en œuvre de mesures concrètes pour protéger les victimes*** avérées ou potentielles ;
– l'***obligation procédurale d'enquêter*** lorsqu'il existe des motifs crédibles de soupçonner de tels agissements.

Les droits procéduraux

Chapitre 9

L'article 6 de la Convention européenne des droits de l'homme tient une place particulière dans le système de protection européen des droits de l'homme. En permettant leur invocation devant un juge, il est, couplé avec le droit à un recours effectif, un préalable à l'exercice de tous les autres droits fondamentaux. C'est aussi le plus invoqué.

1 Le droit à un procès équitable (Conv. EDH, art. 6)

■ *Le champ d'application du droit à un procès équitable*

L'histoire de l'article 6, § 1 de la Convention européenne des droits de l'homme est celle d'un « malentendu » rédactionnel. En effet, dans la tradition anglo-saxonne, les deux volets de cette disposition – civil et pénal – permettaient d'embrasser toutes les situations juridictionnelles, ou presque. Ce qui n'est pas civil est pénal, et réciproquement. Les États pratiquant une forme ou une autre de dualisme juridictionnel ou ayant institué des juridictions spécialisées – modèle le plus répandu en Europe – se sont engouffrés dans cette brèche afin de limiter l'emprise de l'article 6, § 1 de la Convention européenne des droits de l'homme. Dès lors, la Cour n'a eu de cesse de rattraper ce malentendu en élargissant le droit à un procès équitable, au motif que la matière pénale ne correspond pas plus aux contours du droit pénal que la matière civile aux contours du droit civil.

a) Le volet civil de l'article 6, § 1

L'application du volet civil de l'article 6, § 1 de la Convention européenne des droits de l'homme est conditionné à la réunion de trois critères :

- premièrement, ***il doit exister une « contestation »***. Il peut s'agit aussi bien de l'existence du droit que de ses modalités d'exercice (*CEDH, 23 juin 1981, Le Compte, Van Leuven et De Meyere*), mais la contestation ne saurait être dépourvue de caractère « réel et sérieux » (*CEDH, 23 sept. 1982, Sporrong et Lönnroth c/ Suède*) ;
- deuxièmement, ***la contestation doit porter sur des « droits et obligations »*** (*CEDH, 21 sept. 1994, Fayed c/ Royaume-Uni*) ;
- troisièmement, ***ces droits et obligations doivent revêtir un « caractère civil »***. La Cour met ici l'accent sur le caractère patrimonial du droit en cause (*CEDH, 26 oct. 1993, Darnell c/ Royaume-Uni*).

L'article 6, § 1 de la Convention européenne des droits de l'homme a été étendu à de nombreux domaines inattendus, comme le contentieux constitutionnel, dès lors que la procédure par-devant la juridiction constitutionnelle est déterminante pour l'issue du litige (*CEDH, 23 juin 1993, Ruiz-Mateos c/ Espagne*). Le volet civil s'applique désormais :

- au contentieux de la fonction publique (*CEDH, 19 avr. 2007, Vilho Eskelinen c/ Finlande*) ;
- au contentieux financier (*CEDH, 7 oct. 2003, Richard-Dubarry c/ France*) ;
- au contentieux social (*CEDH, 29 mai 1986, Feldbrugge c/ Pays-Bas*).

Les contentieux disciplinaires des ordres professionnels comme celui des médecins (*CEDH, 23 juin 1981, Le Compte, Van Leuven et De Meyere c/ Belgique*) ou des avocats (*CEDH, 30 nov. 1987, H. c/ Belgique*) sont également assujettis à son respect dès lors que la sanction encourue emporte des conséquences sur l'exercice professionnel.

En ce qui concerne la France, cette jurisprudence a été étendue, souvent par le juge interne lui-même, à la plupart des autorités administratives et des commissions professionnelles susceptibles de prononcer des mesures emportant des conséquences patrimoniales. Si l'instance n'est pas soumise aux standards de l'article 6, § 1 de la Convention européenne des droits de l'homme, le justiciable doit alors pouvoir faire un recours devant une juridiction qui les respecte (*CEDH, 27 août 2002, Didier c/ France*).

L'article 6, § 1 reste néanmoins inapplicable dans plusieurs hypothèses, qui reposent essentiellement sur l'exercice de la souveraineté ou de prérogatives de puissance publique, comme c'est le cas pour :

– le contentieux électoral (*CEDH, 21 oct. 1997, Pierre-Bloch c/ France*) ;
– le contentieux relatif au droit d'asile (*CEDH, 16 avr. 2002, Penafiel Salgado c/ Espagne*) ;
– la police des étrangers (*CEDH, 5 oct. 2000, Maouia c/ France*) ;
– le contentieux afférant aux droits de douane (*CEDH, 13 janv. 2005, Emesa Sugar N.V. c/ Pays-Bas*) ;
– le contentieux fiscal non pénal (*CEDH, 12 juill. 2001, Ferrazzini c/ Italie*).

Pour aller plus loin

La jurisprudence a procédé en trois temps :

– dans un premier temps, hormis quelques rares exceptions purement patrimoniales, comme les questions relatives aux pensions, la Cour avait opté pour l'exclusion de l'article 6, § 1 au contentieux de la fonction publique (*CEDH, 28 août 1986, Glasenapp c/ Allemagne*) ;
– dans un deuxième temps, l'arrêt *Pellegrin c/ France* du 8 décembre a institué un critère fonctionnel très inspiré de la jurisprudence de la Cour de justice des communautés européennes. L'article 6, § 1 de la Convention européenne des droits de l'homme s'appliquait au contentieux de la fonction publique, sauf pour les fonctionnaires participant à l'exercice de la puissance publique ;
– dans un troisième temps, dans l'arrêt *Vilho Eskelinen c/ Finlande* du 19 avril 2007, la Cour confirme le principe d'applicabilité de l'article 6, § 1, sauf exceptions soumises à la combinaison de deux conditions :
  • la catégorie d'agents doit être expressément exclue,
  • le fonctionnaire doit participer à l'exercice de la puissance publique (exception « Pellegrin ») ou il doit exister un « lien spécial de confiance et de loyauté entre l'agent et l'État employeur ».

b) Le volet pénal de l'article 6, § 1

Le jeu du volet pénal de l'article 6, § 1 de la Convention européenne des droits de l'homme suppose le cumul de deux conditions :

– il faut une ***« accusation »***, c'est-à-dire, selon la Cour, tout ce qui porte sur une infraction pénale (*CEDH, 27 févr. 1980, Deweer c/ Belgique*) ;
– cette accusation ***doit relever de la « matière pénale »*** (*CEDH, 8 juin 1976, Engel et a. c/ Pays-Bas*).

La Cour tient compte de trois critères, dont le premier n'est qu'indicatif et les deux seconds alternatifs :

– la qualification en droit interne ;
– la nature de l'infraction ;
– la sévérité de la peine potentielle.

Comme le volet civil de l'article 6, le volet pénal a été l'objet d'un vaste mouvement jurisprudentiel d'extension en direction :

– des sanctions pénitentiaires (*CEDH, 28 juin 1984, Campbell et Fell c/ Royaume-Uni* : en l'espèce la perte d'une remise de peine de 570 jours) ;
– des sanctions administratives (*CEDH, 21 févr. 1984, Oztürk c/ Allemagne*) ;
– des sanctions fiscales (*CEDH, 23 nov. 2006, Jussila c/ Finlande*).

Ici encore, si l'autorité administrative qui a prononcé la sanction ne satisfait pas aux exigences du procès équitable, celle-ci doit alors pouvoir faire l'objet d'un recours devant une juridiction qui réponde de toutes ces dernières (*CEDH, 23 avr. 1996, Remli c/ France*).

■ *Les limites du droit à un procès équitable*

Bien qu'essentiel, le droit à un procès équitable n'est pas absolu. L'article 6, § 1 de la Convention européenne des droits de l'homme prévoit ainsi la possibilité d'interdire l'accès aux salles d'audience à la presse et au public pendant la totalité ou une partie du procès :

– dans l'intérêt de la moralité, de l'ordre public ou de la sécurité nationale dans une société démocratique, lorsque les intérêts des mineurs ou la protection de la vie privée des parties au procès l'exigent ;
– ou dans la mesure jugée strictement nécessaire par le tribunal, lorsque dans des circonstances spéciales la publicité serait de nature à porter atteinte aux intérêts de la justice.

Par ailleurs, l'arrêt *Golder c/ Royaume-Uni* du 21 février 1975 ménage la place pour des ***limitations implicites*** justifiées par la bonne administration de la justice, le respect du principe de sécurité juridique, la sauvegarde de la justice et le respect des immunités.

Il peut s'agir d'immunités tirées du droit international (*CEDH, 21 nov. 2001, Fogarty c/ Royaume-Uni : affaire de discrimination sexuelle en matière d'accès à l'emploi à l'ambassade américaine à Londres*) ou du droit interne :

– immunités parlementaires (*CEDH, 17 déc. 2002, A. c/ Royaume-Uni*), à condition que le litige soit en lien avec l'activité parlementaire (*CEDH, 30 janv. 2003, Cordova c/ Italie n° 2*) ;

– immunités des magistrats (*CEDH, 15 juill. 2003, Ernst c/ Belgique*) ;
– immunités des fonctionnaires, même (*CEDH, 21 sept. 1994, Fayed c/ Royaume-Uni*).

■ *Les exigences générales du procès équitable*

L'article 6, § 1 de la Convention européenne des droits de l'homme garantit à toute personne le droit à ce que sa cause soit entendue dans le respect d'un certain nombre d'exigences essentielles. Ces exigences peuvent être classées en deux catégories, selon qu'elles portent sur le juge ou la procédure elle-même :

– en premier lieu, ***le juge doit être un organe judiciaire de pleine juridiction***, c'est-à-dire capable de « trancher toute question relevant de sa compétence sur la base de normes de droit et à l'issue d'une procédure organisée » (*CEDH, 22 oct. 1984, Sramek c/ Autriche*). Cela a valu quelques condamnations mémorables de la France à propos des visites domiciliaires de l'administration fiscale (*CEDH, 21 févr. 2008, Ravon c/ France*) ou du renvoi préjudiciel du juge administratif au ministre des Affaires étrangères afin d'apprécier le respect de l'application réciproque des traités (*CEDH, 24 nov. 1994, Beaumartin c/ France*). ***Le juge doit être indépendant***. La Cour s'attache ici autant aux éléments statutaires classiques qui garantissent l'indépendance qu'à l'apparence d'indépendance (*CEDH, 7 juin 2001, Kress c/ France*). ***Il doit être impartial***, tant du point de vue objectif que subjectif. *Last but not least*, transposition conventionnelle de l'adage *nullum judicium sine lege*, il faut qu'il soit ***établi de manière conforme à la loi***. La Cour finalise cette construction avec un ***droit à l'exécution des décisions de justice*** sans lequel le droit à un procès équitable serait vain (*CEDH, 19 mars 1997, Hornsby c/ Grèce*) ;
– en second lieu, ***la procédure doit être équitable***. Cette exigence renvoie à la fois à l'égalité des armes (*CEDH, 31 mars 1998, Reinhardt et Slimane-Kaïd c/ France*) et au respect du contradictoire (*CEDH, 3 mars 2000, Krcmar c/ République tchèque*). La procédure doit aussi ***se tenir dans un délai raisonnable***, dont l'appréciation varie en fonction :
  • de la complexité de l'affaire,
  • du comportement du requérant et de celui des autorités étatiques,
  • de l'enjeu du litige.

Enfin, la ***publicité des débats*** a été érigée en principe conventionnel fondamental (*CEDH, 8 déc. 1983, Axen c/ Allemagne*).

■ *Les droits de la défense et la présomption d'innocence*

Les paragraphes 2 et 3 de l'article 6 de la Convention européenne des droits de l'homme énoncent respectivement le principe de présomption d'innocence et les droits dont doit jouir la défense en matière pénale. Il s'agit de permettre aux accusés la possibilité d'assurer une « défense concrète et effective » (*CEDH, 13 mai 1980, Artico c/ Italie*).

Tout accusé a notamment droit à :

- ***être informé, dans le plus court délai, dans une langue qu'il comprend*** et d'une manière détaillée, de la nature et de la cause de l'accusation portée contre lui ;
- ***disposer du temps et des facilités nécessaires à la préparation de sa défense*** ;
- ***se défendre lui-même ou avoir l'assistance d'un défenseur*** de son choix ;
- ***être assisté gratuitement par un avocat d'office*** s'il n'a pas les moyens de rémunérer un défenseur ;
- ***interroger ou faire interroger les témoins*** à charge et obtenir la convocation et l'interrogation des témoins à décharge dans les mêmes conditions que les témoins à charge ;
- ***se faire assister gratuitement d'un interprète***, s'il ne comprend pas ou ne parle pas la langue employée à l'audience ;
- ***ne pas s'incriminer*** (*CEDH, 8 févr. 1996, John Murray c/ Royaume-Uni*).

Quant à l'accès à un avocat, la Cour a jugé, au nom de l'effectivité du droit à un procès équitable, que cet accès doit être garanti dès le premier interrogatoire d'un suspect par la police (*CEDH, 27 nov. 2008, Salduz c/ Turquie*), sauf à démontrer, à la lumière des circonstances particulières de l'espèce, qu'il existe des raisons impérieuses de restreindre ce droit (*CEDH, 17 juill. 2011, Sadak c/ Turquie*). Il est en principe porté une atteinte irrémédiable aux droits de la défense lorsque des déclarations incriminantes faites lors d'un interrogatoire de police subi sans assistance possible d'un avocat sont utilisées pour fonder une condamnation. Après avoir fait savoir que la France ne se sentait pas concernée par l'arrêt *Salduz* puis essuyé les plâtres d'une condamnation retentissante (*CEDH, 14 oct. 2010, Brusco c/ France*), la Chancellerie s'est conformée dans la panique au standard européen le temps que le législateur réagisse dans l'urgence et adopte la loi n° 2011-392 du 14 avril 2011.

Pour aller plus loin

La question de la ***motivation des arrêts des cours d'assises*** a animé plusieurs fois la Cour européenne des droits de l'homme. Elle a ainsi jugé, dans l'arrêt *Taxquet c/ Belgique* du 16 novembre 2010, que la non-motivation du verdict d'un jury populaire n'emporte pas, en soi, violation du droit de l'accusé à un procès équitable dès lors que celui-ci bénéficie des garanties suffisantes pour écarter tout risque d'arbitraire et pour lui permettre de comprendre les raisons de sa condamnation. L'existence de ces garanties fait l'objet d'une appréciation *in concreto* (*CEDH, 10 janv. 2013, Agnelet c/ France et Legillon c/ France*).

En France, le Conseil constitutionnel a considéré :
– dans un premier temps, que l'absence de motivation explicite des arrêts d'assises n'était pas contraire à la Constitution, dans la mesure où la Constitution ne confère pas cette obligation un caractère général et absolu et où il peut y être dérogé, à la condition que soient instituées par la loi des garanties propres à exclure l'arbitraire (*Cons. const., 1er avr. 2011, n° 2011-113/115 QPC*) ;
– dans un second temps, que l'obligation de motivation découle précisément de l'exigence constitutionnelle d'exclusion de l'arbitraire ; il déduit donc son application aux jugements et arrêts de condamnation, pour la culpabilité comme pour la peine (*Cons. const., 2 mars 2018, n° 2017-694 QPC, M. Ousmane K. et a.*).

2 Le principe de légalité des peines (Conv. EDH, art. 7)

Transposition de l'adage *nullum crimen, nulle poena sine lege*, l'article 7 de la Convention européenne des droits de l'homme renforce le modèle de justice pénale européenne qui se dessine au carrefour des articles 5 et 6 de la même Convention. Élément essentiel de la prééminence du droit, il occupe une place primordiale dans le système de protection conventionnel, puisqu'il fait partie des quelques droits insusceptibles de faire l'objet d'une dérogation au sens de l'article 15 de la Convention européenne des droits de l'homme (*CEDH, 22 nov. 1995, S.W. c/ Royaume-Uni*).

■ *Le champ d'application de l'article 7*

L'article 7 de la Convention européenne des droits de l'homme n'est applicable que dans le contexte des procédures pénales, c'est-à-dire de procédures ayant abouti à une condamnation, au prononcé d'une peine, ou à une déclaration de responsabilité par une juridiction nationale compétente pour imputer l'infraction et infliger une peine à son auteur (*CEDH, 29 oct. 2013, Varvara c/ Italie*). Subséquemment, il ne peut être invoqué que par des personnes condamnées (*CEDH, 6 déc. 2012, Michaud c/ France*) et ne concerne pas les mesures relatives à l'exécution de la peine (*CEDH, 12 févr. 2008, Kafkaris c/ Grèce*).

La notion de peine doit s'entendre de manière autonome (*CEDH, 9 févr. 1995, Welsch c/ Royaume-Uni*). Sans que l'absence d'un tribunal pénal soit rédhibitoire, la Cour recherche tout d'abord si la mesure en cause a été imposée à la suite d'une ***condamnation pour une « infraction » pénale***. Elle prend ensuite en compte d'autres considérations liées à cette mesure, sans qu'elles soient non plus décisives :

– sa ***nature*** ;

– son ***but répressif*** ou non ;

– sa ***qualification en droit interne*** ;

– sa ***gravité*** ;

– les procédures associées à son adoption et/ou à son ***exécution*** (*CEDH, 28 juin 2018, G.I.E.M. S. R.L. et a. c/ Italie*).

Ont ainsi été qualifiées de peines au sens de l'article 7 de la Convention européenne des droits de l'homme :

– les contraintes par corps (*CEDH, 8 juin 1995, Jamil c/ France*) ;

– les amendes administratives, dès lors que leur but est au moins en partie répressif (*CEDH, 21 mars 2006, Valico SLR c/ Italie*) ;

– la rétention de sûreté, dès lors que son régime d'exécution se fait dans un établissement pénitentiaire et que sa durée est illimitée (*CEDH, 17 déc. 2009, M. c/ Allemagne*) ;

– les confiscations des terrains pour lotissement abusif ou illicite (*CEDH, 29 oct. 2013, Varvara c/ Italie*) ;

– l'interdiction à vie d'exercer une activité professionnelle (*CEDH, 12 avr. 2016, Gouarré Patte c/ Andorre* : en l'espèce, la médecine).

À l'instar de la peine, la notion d'infraction revêt un caractère autonome. L'arrêt *Engel et a. c/ Pays-Bas* du 8 juin 1976 en a établi trois critères d'identification :

– la qualification en droit interne ;

– la nature de l'infraction ;

– le degré de sévérité de la sanction qui risque d'être subie.

Si l'arrêt *Jussila c/ Finlande* du 23 novembre 2006 appuie sur la nature de l'infraction et rappelle que le premier critère n'est qu'indicatif et ne lie pas l'appréciation de la Cour, l'arrêt *A. et B. c/ Norvège* du 15 novembre 2016 tend vers une appréciation cumulative des critères dégagés dans l'arrêt *Engel*.

■ *Les qualités de la loi pénale*

Si la légalité constitue certes une exigence transversale en droit de la Convention, c'est néanmoins dans le cadre du contentieux de l'article 7 de la Convention européenne des droits de l'homme qu'elle s'impose avec le plus d'acuité et que le juge européen en a souligné le plus fermement les qualités. La loi pénale doit être claire, prévisible et accessible.

a) La clarté

La clarté de la loi est relative. En principe, ***le libellé de la loi doit énoncer clairement les éléments constitutifs de l'infraction et de la peine***. Toutefois, la Cour observe qu'en raison du principe de généralité des lois, ce libellé ne présente pas une précision absolue.

De nombreuses lois se servent de formules plus ou moins floues, notamment afin d'éviter une rigidité excessive et de pouvoir s'adapter aux changements de situation. La clarté de la loi pénale s'apprécie donc de manière globale. ***Il faut tenir compte*** :

- de l'interprétation par les tribunaux (*CEDH, 25 mai 1993, Kokkinakis c/ Grèce*) ;
- de l'environnement normatif de la disposition litigieuse (*Comm. EDH, 30 oct. 1984, G. c/ Liechtenstein*) ;
- ou encore de la pratique du texte (*CEDH, 6 oct. 2011, Soros c/ France*).

b) La prévisibilité et l'accessibilité

La portée de la notion de prévisibilité dépend du contenu du texte en cause, du domaine qu'il couvre ainsi que du nombre et de la qualité de ses destinataires (*CEDH, 28 mars 1990, Groppera Radio AG et a. c/ Suisse*). La Cour renvoie à la notion de « conseils éclairés » afin d'évaluer à un degré raisonnable, dans les circonstances de la cause, les conséquences pouvant résulter d'un acte déterminé (*CEDH, 15 nov. 1996, Cantoni c/ France*). Il en va spécialement ainsi des professionnels, habitués à devoir faire preuve d'une grande prudence dans l'exercice de leur métier. Aussi peut-on attendre d'eux qu'ils mettent un soin particulier à évaluer les risques qu'il comporte, au besoin en recourant à des conseils éclairés afin d'évaluer, à un degré raisonnable dans les circonstances de la cause, les conséquences pouvant résulter d'un acte déterminé (*CEDH, 10 oct. 2006, Pessino c/ France*).

La loi n'a pas besoin d'être accessible à tous les justiciables. Il suffit qu'elle le soit pour les personnes concernées (*CEDH, 10 oct. 2006, Pessino c/ France*). Cette condition se trouve remplie dès lors que le justiciable peut déterminer, à partir du libellé de la disposition pertinente et au besoin de l'aide de l'interprétation qui en est donnée par les tribunaux, quels actes et omissions engagent sa responsabilité pénale.

La Cour évalue, le cas échéant, l'accessibilité d'une incrimination litigieuse à la lumière du droit international applicable, voire même du droit international coutumier (*CEDH, 20 oct. 2015, Vasiliauskas c/ Lituanie, à propos d'une résolution de l'Assemblée générale des Nations unies condamnant le génocide*).

■ Le principe de non-rétroactivité

Non seulement l'article 7, § 1 de la Convention européenne des droits de l'homme garantit le principe de ***non-rétroactivité des lois pénales plus sévères*** (*CEDH, 15 déc. 2009, Gurguchiani c/ Espagne*), mais il commande également de ne pas appliquer la loi pénale de manière extensive au désavantage de l'accusé, notamment par analogie (*CEDH, 25 mai 1993, Kokkinakis c/ Grèce*). Par ailleurs, la Cour considère qu'il implique aussi la ***rétroactivité in mitius***, c'est-à-dire l'application rétroactive des lois pénales plus douces (*CEDH, 17 déc. 2009, Scoppola c/ Italie n° 2*).

En cas d'infraction continue, le principe de sécurité juridique commande que les actes constitutifs de cette infraction soient clairement énoncés dans l'acte d'accusation et que la décision rendue par la juridiction interne précise bien que le verdict de culpabilité et la peine reposent sur le constat que l'accusation a établi l'existence des éléments constitutifs d'une infraction continue (*CEDH, 27 févr. 2001, Ecer et Zeyek c/ Turquie*).

Cette jurisprudence s'applique même en cas de modification radicale des structures étatiques ou de succession d'État, comme celles survenues après l'effondrement du bloc soviétique, notamment la réunification entre les deux Allemagnes (*CEDH, 22 mars 2001, Streletz, Kessler et Krenz c/ Allemagne*).

■ Les principes généraux de droit reconnus par les nations civilisées

L'article 7, § 2 de la Convention européenne des droits de l'homme énonce que le principe « pas de peine sans loi » ne porte pas atteinte au jugement et à la punition d'une personne coupable d'une action ou d'une omission qui, au moment où elle a été commise, était criminelle d'après les principes généraux de droit reconnus par les nations civilisées.

Il ressort des travaux préparatoires de la Convention que l'insertion de cette catégorie est un aménagement destiné à permettre aux États de réprimer les ***crimes de guerre*** et les ***faits de trahison et de collaboration*** avec l'ennemi pendant la Seconde Guerre mondiale, sans se heurter au vide qui caractérisait leur ordonnancement juridique au moment de la commission des faits (*Comm. EDH, 13 janv. 1997, Touvier c/ France*). Cette disposition vise les crimes contre l'humanité, dont l'imprescriptibilité a notamment été consacrée par le ***statut du tribunal international de Nuremberg*** (*CEDH, 15 nov. 2001, Papon c/ France*).

Ces principes généraux de droits reconnus par les nations civilisées ont récemment été précisés dans un arrêt *Kononov c/ Lettonie* du 17 mai 2010. La jurisprudence européenne prend alors des accents de droit international humanitaire. La Cour se réfère en effet au droit international coutumier en vigueur en 1944 pour dégager une interdiction d'attaquer les civils qui ne participent pas aux hostilités et, en absence de délai de prescription fixé par le droit international, le principe d'imprescriptibilité des crimes de guerre.

3 Le droit à un recours effectif (Conv. EDH, art. 13)

Toute personne dont les droits et libertés reconnus dans la Convention ont été violés a droit à l'octroi d'un recours effectif devant une instance nationale, alors même que la violation aurait été commise par des personnes agissant dans l'exercice de leurs fonctions officielles.

■ *La notion de recours effectif devant une instance nationale*

Le recours exigé par l'article 13 de la Convention européenne des droits de l'homme doit être ***« effectif »*** (*CEDH, 27 juin 2000, Ilhan c/ Turquie*), ***suffisant et adéquat***, c'est-à-dire permettre l'examen du contenu d'un « grief défendable » fondé sur la Convention et offrir un redressement approprié (*CEDH, 25 sept. 2012, Kaya c/ Turquie*). L'effectivité implique que le recours soit certain en théorie comme en pratique (*CEDH, 10 sept. 2010, McFarlane c/ Irlande*), mais ne saurait aller jusqu'à la certitude d'offrir une issue favorable au requérant.

Quant aux ***instances nationales*** visées par l'article 13 de la Convention européenne des droits de l'homme, il n'est pas absolument nécessaire qu'il s'agisse d'institutions judiciaires. La Cour apprécie *in concreto* les pouvoirs et les garanties offertes par l'instance (*CEDH, 26 oct. 2000, Kudla c/ Pologne*).

La notion de « ***grief défendable*** » est en revanche beaucoup plus difficile à cerner et c'est plutôt de manière négative qu'il est appréhendé par le juge de la Convention. On distinguera principalement deux types de griefs insusceptibles d'être défendus :

- ceux qui ne révèlent aucune apparence de violation (*CEDH, 25 oct. 2005, Hüsniye Tekin c/ Turquie*) ;
- ceux qui ne le sont pas en vertu de circonstances de fait (*CEDH, 20 sept. 2005, Sevgin et Ince c/ Turquie*).

L'autonomisation du droit à un recours effectif

Longtemps marginalisée, l'invocation de l'article 13 de la Convention européenne des droits de l'homme était considérée comme redondante ou superflue par rapport à d'autres dispositions, à savoir :

- l'article 5, § 4 de la Convention européenne des droits de l'homme, qui impose aux États d'ouvrir un recours devant un tribunal aux personnes privées de liberté par arrestation ou détention ;
- l'article 6, § 1 de la Convention européenne des droits de l'homme, qui exige que chacun puisse faire entendre cause par un juge au niveau national.

Les griefs tirés de la violation de l'article 13 de la Convention européenne des droits de l'homme avaient souvent tendance à être absorbés par ceux tirés des autres droits. C'est par exemple le cas avec l'article 6, § 1 de la Convention européenne des droits de l'homme en matière de délai raisonnable de la procédure (*CEDH, 17 juill. 2001, Ekin c/ France*).

La Cour a progressivement revalorisé le droit à un recours effectif afin de responsabiliser les États à l'égard de leurs obligations conventionnelles. Il n'est plus nécessaire de constater la violation d'un des droits conventionnels comme une lecture trop rigide de l'article 13 pourrait le suggérer, mais simplement d'alléguer la violation d'un de ces droits (*CEDH, 18 déc. 1974, Klass et a. c/ Allemagne*). ***L'article 13 de la Convention européenne des droits de l'homme est devenu un moyen de droit autonome*** (*CEDH, 26 oct. 2000, Kudla c/ Pologne*).

L'épuisement des voies de recours interne

L'article 13 de la Convention européenne des droits de l'homme est également une clé de compréhension du système de protection européen des droits de l'homme et de son caractère subsidiaire. Il doit être corrélé avec l'article 35, § 1 de la Convention européenne des droits de l'homme, qui impose aux requérants d'épuiser les voies de recours internes avant de se présenter à Strasbourg. Or, cette règle repose sur le postulat qu'il existe des voies de recours interne effectives et adéquates. La Cour souligne l'étroite affinité entre les deux articles (*CEDH, 29 mars 2006, Scordino c/ Italie n° 1*). Pour exemple, elle ne considère pas que le référé liberté de l'article L. 521-2 du Code de justice administrative soit un recours effectif (*CEDH, 26 avr. 2007, Gebremedhin c/ France*). Par voie de conséquence, il n'a pas à être épuisé.

Il existe toutefois quelques différences (*CEDH, 10 sept. 2010, McFarlane c/ Irlande*). L'article 35, § 1 de la Convention européenne des droits de l'homme ne prescrit l'épuisement que des seuls recours à la fois relatifs aux violations incriminées, disponibles et adéquats. Ils doivent exister à un degré suffisant de certitude non seulement en théorie, mais aussi en pratique, sans quoi ils sont dépourvus du degré d'effectivité et d'accessibilité voulu (*CEDH, 11 févr. 2010, Leandro Da Silva c/ Luxembourg*). L'article 13 de la Convention européenne des droits de l'homme garantit quant à lui l'existence en droit interne d'un recours permettant de se prévaloir des droits et libertés de la Convention tels qu'ils peuvent s'y trouver consacrés. Cette disposition a donc pour conséquence d'exiger un recours interne habilitant à examiner le contenu d'un « grief défendable » fondé sur la Convention et à offrir un redressement approprié (*CEDH, 26 oct. 2000, Kudła c/ Pologne*). Réciproquement, un requérant qui n'a pas utilisé les recours internes utiles ne peut se prévaloir de la violation de l'article 13 (*CEDH, 22 juill. 2006, Mamic c/ Slovénie*).

La Cour laisse une large marge d'appréciation quant aux options des États afin de mettre en œuvre l'article 13 de la Convention européenne des droits de l'homme. La nature du droit conventionnel invoqué joue ainsi un rôle non négligeable et peut influer sur le type de recours offert (*CEDH, 20 mars 2008, Budayeva et a. c/ Russie*). L'instance n'a pas nécessairement besoin d'être judiciaire dès lors qu'elle offre un certain nombre de garanties, parmi lesquelles l'indépendance et l'impartialité (*CEDH, 25 mars 1983, Silver et a. c/ Royaume-Uni*).

4 Le droit à un double degré de juridiction en matière pénale (Conv. EDH, art. 2P7)

L'article 2P7 énonce, dans son premier paragraphe, le droit, encadré par la loi, pour toute personne déclarée coupable d'une infraction pénale par un tribunal de faire examiner par une juridiction supérieure la déclaration de culpabilité ou la condamnation. Le second paragraphe prévoit la possibilité d'exceptions dans deux hypothèses :

- soit lorsque l'intéressé a été jugé en première instance par la plus haute juridiction ;
- soit lorsqu'il a été déclaré coupable et condamné à la suite d'un recours contre son acquittement, pour les infractions jugées mineures. Selon la Cour, le caractère mineur ou non d'une infraction est corrélé à la question de savoir si elle est passible d'emprisonnement ou non (*CEDH, 23 avr. 2009, Kamburov c/ Bulgarie*).

De manière générale, les États jouissent d'une grande latitude dans la mise en œuvre des exigences de l'article 2P7. Ils peuvent à loisir limiter sa portée aux questions de droit ou conditionner la saisine de la juridiction de recours à une autorisation (*CEDH, 27 avr. 2000, Haser c/ Suisse*). En revanche, l'examen par la juridiction supérieure ne peut intervenir postérieurement à l'exécution d'une peine privative de liberté infligée en première instance (*CEDH, 30 oct. 2014, Shvydka c/ Ukraine*).

En France, la ratification du protocole n° 7 en 1988 n'est pas étrangère à l'institution d'une possibilité d'appel en matière criminelle, grâce à la loi n° 2000-516 du 15 juin 2000 renforçant la protection de la présomption d'innocence et les droits des victimes, dite « loi *Guigou* ».

5 Le principe non bis in idem (Conv. EDH, art. 4P7)

L'article 4P7 a gravé le principe *non bis in idem* dans le marbre conventionnel. Aux termes de celui-ci, « Nul ne peut être poursuivi ou puni pénalement par les juridictions du même État en raison d'une infraction pour laquelle il a déjà été acquitté ou condamné par un jugement définitif conformément à la loi et à la procédure pénale de cet État. » Cette règle est particulièrement importante, puisque le paragraphe 3 de l'article 4P7 précise qu'elle n'est pas susceptible de faire l'objet d'une dérogation au titre de l'article 15.

La Cour retient une acception large de cet article, qui doit se comprendre comme interdisant de poursuivre et de juger une personne pour une seconde « infraction » pour autant qu'elle ait pour origine des faits identiques, ou en substance les mêmes, que la première « infraction » (*CEDH, 10 févr. 2009, Sergueï Zolotoukhine c/ Russie*).

Si l'identité d'infractions ne dépend toujours pas de la qualification interne et se base sur les faits, la Cour a toutefois infléchi sa jurisprudence. En effet, elle estime désormais que des sanctions pénales et fiscales à caractère répressif qui, bien que juridiquement distinctes, s'inscrivent dans un même ensemble répressif destiné « à former un tout systématique et cohérent » en ce sens qu'elles présentaient un lien temporel et matériel suffisant, ne sont pas contraires au principe *non bis in idem* (*CEDH, 15 nov. 2016, A. et B. c/ Norvège*).

De plus, l'article 4P7 n'interdit pas la réouverture d'un procès si des faits nouveaux ou nouvellement révélés ou un vice fondamental dans la procédure précédente sont de nature à affecter le jugement intervenu (*CEDH, 29 juill. 2008, Xheraj c/ Albanie*).

Les droits à la liberté

Chapitre 10

*L'article 5 de la Convention européenne des droits de l'homme fait figure d'***habeas corpus conventionnel***.* Son modèle est celui en vigueur dans toutes les démocraties libérales : la liberté est érigée en principe, mais peut, dans certaines circonstances, faire l'objet d'ingérences strictement encadrées (*CEDH, 8 juin 1976, Engel c/ Pays-Bas*).

1 Le droit à la liberté et la sûreté (Conv. EDH, art. 5 et art. 2P4)

■ *La distinction entre liberté et liberté de circulation*

La liberté de circulation fait l'objet d'une reconnaissance spécifique dans le protocole n° 4, dont l'article 2, § 1 énonce le droit pour toute personne en situation régulière de circuler librement et de choisir sa résidence sur le territoire où elle se trouve, tandis que l'article 2, § 2 conventionnalise le droit de quitter n'importe quel pays, y compris le sien.

Aux yeux de la Cour, en proclamant le « droit à la liberté », l'article 5, § 1 de la Convention européenne des droits de l'homme vise plutôt la ***liberté physique de la personne*** et ne concerne pas de simples restrictions à la ***liberté de circulation***, qui sont régies par l'article 2P4 (*CEDH, 23 févr. 2012, Creangă c/ Roumanie*). Néanmoins, des restrictions à la liberté de circuler suffisamment graves peuvent constituer une privation de liberté au sens de l'article 5, § 1. Il existe entre ces deux droits non pas une différence de nature, mais de degré (*CEDH, 6 nov. 1980, Guzzardi c/ Italie*).

Contrairement aux simples mesures de liberté surveillée, l'assignation à domicile est une véritable privation de liberté au sens de l'article 5, § 1 de la Convention européenne des droits de l'homme, et non une simple restriction à la liberté de circulation énoncée à l'article 2P4 (*CEDH, 2 août 2001, Mancini c/ Italie*).

Pour aller plus loin

L'article 2P4 implique aussi le droit de se rendre dans un pays de son choix dès lors qu'on est autorisé à s'y rendre (*CEDH, 11 juill. 2013, Khlyustov c/ Russie*). Toute restriction à la liberté de circuler :

– doit être prévue par la loi ;

– poursuivre l'un des buts légitimes énoncés à l'article 2P4, § 3 (sécurité nationale, sûreté publique, maintien de l'ordre public, prévention des infractions pénales, protection de la santé ou de la morale, protection des droits et libertés d'autrui) ;

– répondre à l'exigence de nécessité dans une société démocratique (*CEDH, 23 févr. 2017, De Tommaso c/ Italie*), c'est-à-dire notamment ménager un juste équilibre entre l'intérêt général et les droits de l'individu (*CEDH, 2 déc. 2014, Battista c/ Italie*).

Le paragraphe 4 prévoit la possibilité pour les États de ménager des zones déterminées faisant l'objet de restrictions spéciales, à condition d'être justifiées par l'intérêt dans une société démocratique. L'article 2P4 doit être lu en parallèle avec l'article 3P4 qui ***interdit l'expulsion des nationaux***, par voie de mesure individuelle ou collective, du territoire de l'État dont ils sont ressortissants et empêche les États de leur refuser l'accès à leur territoire.

■ *La privation de la liberté*

Il découle de l'article 5, § 1 de la Convention européenne des droits de l'homme que ***nul ne peut être privé de sa liberté***, sauf de manière légale et régulière et dans des cas limitativement énumérés.

a) La légalité et la régularité de la privation de libertés

L'exigence de légalité est un rempart contre toute privation arbitraire de liberté. La Cour considère que l'expression « selon les voies légales » employée par ***l'article 5, § 1 impose l'existence d'une base légale*** (*CEDH, 24 oct. 1979, Winterwerp c/ Pays-Bas*), mais implique également la satisfaction d'un certain nombre de qualités : ***accessibilité***, ***clarté*** (*CEDH, 25 juin 1996, Amuur c/ France*). Il en va de la ***sécurité juridique*** des justiciables (*CEDH, 31 juill. 2000, Jecius c/ Lituanie*).

L'exigence de régularité est conjuguée à chacune des hypothèses prévues aux points a à f de l'article 5, § 1 : ***l'arrestation ou la détention doivent être « régulières »***. Le fondement juridique de l'ingérence doit être continu. Toute rupture – et *a fortiori* toute disparition – en cours de procédure entache nécessairement la privation de liberté d'arbitraire (*CEDH, 6 avr. 2000, Labita c/ Italie*). Ainsi, dans une affaire *Assanidzé* passée à la postérité, la Cour a sanctionné le maintien du requérant en détention pendant plus de 3 ans après son acquittement définitif par les juridictions géorgiennes (*CEDH, 8 avr. 2004, Assanidzé c/ Géorgie*). L'arrêt exige l'élargissement immédiat au titre des mesures individuelles.

C'est sur ce fondement que la Cour a condamné la pratique des ***« remises extraordinaires »*** et des ***détentions secrètes*** (*CEDH, 13 déc. 2012, El-Masri c/ Ex-République yougoslave de Macédoine*). Dans les arrêts jumeaux *Al Nashiri c/ Roumanie* et *Husayn* (*Abu Zubaydah*) *c/ Lituanie* du 8 octobre 2018, la Cour a retenu la violation de l'article 5 de la Convention européenne des droits de l'homme, tant sous son volet matériel (non-respect des garanties) que sous son volet procédural (défaut d'enquête effective relative aux faits allégués, consécutivement à la détention des requérants sur des « sites noirs » de la CIA, puis à leur transfert dans d'autres pays, le tout sans aucune base légale ni aucun contrôle).

En cas de prolongation des mesures privatives de liberté, leur légalité doit faire l'objet de nouveaux contrôles, exigence qui s'applique avec une acuité singulière :

- pour l'internement des aliénés, surtout si cet internement est la conséquence d'une initiative privée (*CEDH, 27 mars 2008, Chtoukatourov c/ Russie*) ;
- aux condamnés à la réclusion criminelle à perpétuité ayant purgé la partie punitive de leur peine, le « tarif » (*CEDH, 28 mai 2002, Stafford c/ Royaume-Uni*).

S'agissant de la réclusion à perpétuité, la Cour a également jugé que l'exclusion par la loi des femmes, des mineurs et des personnes âgées du prononcé de ce type de peine n'emportait pas violation de l'article 5 de la Convention européenne des droits de l'homme (*CEDH, 24 janv. 2017, Khamtokhu et Aksenchik c/ Russie*).

b) Les hypothèses de privation de liberté

Les exceptions prévues à l'article 5, § 1 de la Convention européenne des droits de l'homme sont d'interprétation étroite (*CEDH, 16 juin 2005, Storck c/ Allemagne*). Cette disposition prévoit six cas de privation de liberté :

- la détention d'une personne condamnée par un tribunal compétent (*CEDH, 27 juin 1968, Wemhoff c/ Allemagne*) ;
- l'arrestation ou la détention pour insoumission à une ordonnance rendue par un tribunal ou en vue de garantir l'exécution d'une obligation prescrite par la loi (*CEDH, 22 févr. 1989, Ciulla c/ Italie*) ;

- l'arrestation ou la détention en vue **d'être conduit devant l'autorité judiciaire** compétente lorsque pèsent sur la personne des raisons plausibles de soupçonner la commission d'une infraction ou de l'empêcher (*CEDH, 30 août 1990, Fox, Campbell et Hartley c/ Royaume-Uni*) ;
- la détention d'un mineur décidée pour son éducation surveillée ou afin de le traduire devant l'autorité compétente (*CEDH, 2 oct. 2012, L.B. c/ Belgique*) ;
- la détention des personnes susceptibles de propager une maladie contagieuse, des aliénés, des alcooliques, des toxicomanes ou des vagabonds (*CEDH, 18 juin 1971, De Wilde, Ooms et Versyp c/ Belgique*) ;
- la détention des étrangers pour les empêcher de pénétrer irrégulièrement sur le territoire ou lorsqu'ils font l'objet d'une procédure d'expulsion ou d'extradition (*CEDH, 26 juill. 2011, M. et a. c/ Bulgarie*).

La première hypothèse – la détention d'une personne condamnée par un tribunal compétent – doit être lue en parallèle avec l'article 1P4, qui interdit la privation de liberté uniquement motivée par l'incapacité d'une personne d'exécuter ses obligations contractuelles.

S'agissant enfin de la détention en vue d'empêcher un étranger d'entrer ou de séjourner illégalement sur le territoire, la jurisprudence a jeté le trouble dans l'appréciation de la régularité. En effet, la Cour a considérablement assoupli cette exigence en introduisant la notion de « bonne foi » afin d'exonérer les États de leur responsabilité et de renforcer leur « droit indéniable de contrôler souverainement l'entrée et le séjour des étrangers sur leur territoire » (*CEDH, 29 juill. 2008, Saadi c/ Royaume-Uni*).

Pour aller plus loin

L'article 1P4 interdit l'emprisonnement d'une personne pour la seule raison qu'elle ne serait pas en mesure d'exécuter une obligation contractuelle, c'est-à-dire de payer ses dettes. La Cour a eu l'occasion d'exprimer ses réserves à l'égard du système français archaïque de ***contrainte par corps***, survivance de l'emprisonnement pour dettes des débiteurs insolvables, dans un arrêt *Göktan c/ France* du 2 juillet 2002. Cependant, l'article 1P4 était inopérant, car ce mécanisme joue au seul profit du Trésor public alors que la disposition conventionnelle vise uniquement les obligations contractuelles.

Les garanties procédurales en cas d'arrestation ou de détention

Les paragraphes 2 à 5 de l'article 5 de la Convention européenne des droits de l'homme prévoient un ensemble de garanties procédurales en cas d'arrestation ou de détention :

- premièrement, ***la personne doit être informée, dans le plus court délai et dans une langue qu'elle comprend, des raisons de son arrestation*** et de toute accusation portée contre elle (Conv. EDH, art. 5, § 2). Cette information doit lui permettre le cas échéant de contester la légalité et la régularité de son arrestation ou de sa détention (*CEDH, 28 oct. 1994, Murray c/ Royaume-Uni*) ;
- deuxièmement, ***la personne doit être aussitôt traduite devant un juge*** ou un autre magistrat habilité par la loi à exercer des fonctions judiciaires et a le droit d'être jugée dans un délai raisonnable, ou libérée pendant la procédure. Sa mise en liberté peut être subordonnée à une garantie assurant sa comparution à l'audience (Conv. EDH, art. 5, § 3). C'est dans le cadre de cet article que la Cour a été amenée à juger que, faute d'indépendance à l'égard du pouvoir exécutif, le procureur de la République n'est pas une autorité judiciaire (*CEDH, 10 juill. 2008, Medveydev c/ France*). Cette affirmation, tempérée par la Grande chambre grâce à une approche globale de la procédure et le rôle en son sein du juge d'instruction (*CEDH, 29 mars 2010, Medveydev c/ France*), a été réitérée dans un arrêt *Moulin c/ France* du 23 novembre 2010. Étrangement, si la Cour veille scrupuleusement à ce qu'un magistrat se penche sur le bien-fondé de la détention, elle n'impose pas que le magistrat qui procède au premier contrôle automatique de la régularité de la privation de liberté dispose également de la compétence d'examiner la question d'une mise en liberté provisoire (*CEDH, 3 oct. 2006, McKay c/ Royaume-Uni*) ;
- troisièmement, ***la personne a le droit d'introduire un recours devant un tribunal*** afin qu'il statue à bref délai sur la légalité de sa détention et ordonne sa libération si la détention est illégale (Conv. EDH, art. 5, § 4). La Cour précise à ce sujet que les voies de recours au sens de l'article 5, § 4 doivent exister avec un degré suffisant de certitude pour fournir à l'individu concerné une protection appropriée contre une privation arbitraire de liberté (*CEDH, 24 juin 1982, Van Droogenbroeck c/ Belgique*) ;
- quatrièmement, la personne dispose, en cas d'arrestation ou de détention irrégulière, d'un ***droit à réparation*** (Conv. EDH, art. 5, § 5).

Pour aller plus loin

Le dernier paragraphe de l'article 5 de la Convention européenne des droits de l'homme doit être lu en corrélation avec l'article 3P7 qui ouvre ***droit à une indemnisation en cas d'erreur judiciaire***. La personne injustement condamnée doit être indemnisée, conformément à la loi ou l'usage en vigueur dans l'État concerné, à moins qu'il ne soit prouvé que la non-révélation en temps utile du fait inconnu lui est imputable en tout ou partie. La Cour s'est déclarée compétente pour connaître des griefs tirés de l'article 3P7 visant une condamnation antérieure à l'entrée en vigueur du protocole n° 7, dès lors que l'annulation de cette condamnation est postérieure à cette date (*CEDH, 3 juill. 2008, Matveïev c/ Russie*).

2 La liberté de pensée, de conscience et de religion (Conv. EDH, art. 9 et art. 2P1)

Le libellé de l'article 9 de la Convention européenne des droits de l'homme sonne comme un appel à la tolérance dans une Europe marquée par la montée du sectarisme, de l'intolérance religieuse et des extrémismes : « Toute personne a droit à la liberté de pensée de conscience et de religion. Ce droit implique la liberté de changer de religion ou de conviction, ainsi que la liberté de manifester sa religion ou sa conviction individuellement ou collectivement, en public ou en privé, par le culte, l'enseignement, les pratiques et l'accomplissement des rites. » L'arrêt fondateur rendu en 1993 concernait un témoin de Jéhovah arrêté plus de soixante fois pour prosélytisme (*CEDH, 25 mai 1993, Kokkinakis c/ Grèce*).

La Cour rappelle que la liberté de pensée, de conscience et de religion représente l'une des ***assises d'une société démocratique***. Elle figure, dans sa dimension religieuse, parmi les éléments les plus essentiels de l'identité des croyants et de leur conception de la vie, mais elle est aussi un bien précieux pour les athées, les agnostiques, les sceptiques ou les indifférents. Il en va du pluralisme, chèrement conquis au cours des siècles et consubstantiel à pareille société. ***Elle protège tout type de convictions*** (*CEDH, 25 févr. 1982, Campbell et Cosans c/ Royaume-Uni*).

■ Les dimensions interne et externe de la liberté de pensée, de conscience et de religion

Libertés du for intérieur, les libertés garanties à l'article 9 de la Convention européenne des droits de l'homme impliquent de surcroît celle de manifester ses opinions. C'est particulièrement le cas pour la religion, qui s'exerce d'une part individuellement et en privé, et d'autre part collectivement et en public (*CEDH, 25 mai 1993, Kokkinakis c/ Grèce*).

Cette seconde dimension emporte plusieurs conséquences. Tout d'abord, l'article 9 de la Convention européenne des droits de l'homme implique le droit d'essayer de convaincre son prochain (*CEDH, 24 févr. 1998, Larissis et a. c/ Grèce*). Le ***prosélytisme*** peut prendre la forme d'un enseignement. Ensuite, l'article 9 doit s'interpréter à la lumière de l'article 11 de la Convention européenne des droits de l'homme, puisque le droit de manifester collectivement sa religion suppose que les fidèles puissent s'associer librement, sans ingérence arbitraire de l'État (*CEDH, 13 déc. 2001, Église métropolitaine de Bessarabie et a. c/ Moldova*). La Cour juge que ***l'autonomie des communautés religieuses est indispensable au pluralisme*** dans une société démocratique et se trouve donc au cœur même de la protection offerte par l'article 9 (*CEDH, 22 janv. 2009, Saint Synode de L'Église orthodoxe bulgare et a. c/ Bulgarie*).

Quant à la liberté d'expression, la ventilation entre les articles 9 et 10 de la Convention européenne des droits de l'homme dépend de la motivation de l'expression. Si cette dernière est inspirée ou influencée par une conviction ou une religion, elle relèvera plutôt de l'article 10 de la Convention (*CEDH, 12 oct. 1978, Arrowsmith c/ Royaume-Uni*).

Pour aller plus loin

Bien que l'article 9 de la Convention européenne des droits de l'homme ne mentionne pas un quelconque droit à l'***objection de conscience***, la Cour a fondé ce dernier sur le droit à la liberté de pensée, de conscience et de religion. Dès lors, une personne peut refuser d'exécuter un service militaire si ce refus est motivé par des convictions, religieuses ou autres, comportant notamment une objection ferme, permanente et sincère à une quelconque participation à la guerre ou au port des armes (*CEDH, 7 juin 2016, Enver Aydemir c/ Turquie*). Les États disposent d'une large marge d'appréciation afin d'examiner les demandes des éventuels objecteurs et d'établir cette qualité (*CEDH, 15 sept. 2016, Papavasilakis c/ Grèce*). Ils peuvent exiger de l'intéressé la réalisation d'un service civil de remplacement (*CEDH, 12 janv. 2018, Adyan et a. c/ Arménie*).

■ *L'obligation de neutralité de l'État*

L'article 9 de la Convention européenne des droits de l'homme impose une neutralité aux États, neutralité que l'on retrouve formulée à l'article 2P1, lequel impose le respect des convictions religieuses et philosophiques de parents dans l'exercice par l'État des fonctions qu'il assume dans le domaine de l'éducation et de l'enseignement. Ce levier principal de la protection de la liberté de conscience et de religion s'accompagne toutefois de quelques corollaires :

- premièrement, l'État ne doit pas s'ingérer dans les affaires internes des communautés religieuses (*CEDH, 26 oct. 2000, Hassan et Tchaouch c/ Bulgarie*) ;
- deuxièmement, la Convention exclut toute appréciation étatique sur la légitimité des croyances religieuses ou sur les modalités d'expression de celles-ci (*CEDH, 26 sept. 1996, Manoussakis et a. c/ Grèce*) ;
- troisièmement, si les États peuvent introduire dans l'enseignement public des cours consacrés à une religion, notamment la religion dominante, les familles doivent pouvoir faire dispenser leurs enfants du suivi de ceux-ci (*CEDH, 29 juin 2007, Folgerø et a. c/ Norvège*). À l'inverse, les mêmes parents ne peuvent pas, au nom de leur foi, faire dispenser leurs enfants d'éducation sexuelle (*CEDH, 13 sept. 2011, Dojan et a. c/ Allemagne*) ou de leçons obligatoires d'éthique laïque (*CEDH, 6 oct. 2009, Appel-Irrgang c/ Allemagne*) ;
- quatrièmement, l'État ne peut pas obliger une personne à agir contre sa conscience ou d'une manière contraire à ses convictions : obligation de prêter un serment à caractère religieux pour pouvoir exercer un mandat parlementaire (*CEDH, 18 févr. 1999, Buscarini et a. c/ Saint-Marin*) ou la profession d'avocat (*CEDH, 21 févr. 2008, Alexandridis c/ Grèce*). Ainsi, même si l'article 9 ne mentionne pas le droit à l'objection de conscience, l'opposition au service militaire peut entraîner son application lorsqu'elle est motivée par un conflit grave et insurmontable entre l'obligation de servir dans l'armée et la conscience du requérant ou ses convictions sincères et profondes, de nature religieuse ou autre (*CEDH, 7 juill. 2011, Bayatyan c/ Arménie*).

La neutralité de l'État n'est pas synonyme de myopie vis-à-vis du phénomène religieux. En tant que garantes du pluralisme, les Hautes Parties contractantes voient peser sur elles une ***obligation positive de normaliser les manifestations des religions*** dans l'espace public. Dès lors, l'intervention des autorités se réduisant à une médiation neutre dans un conflit opposant diverses factions religieuses concurrentes ne constitue pas une ingérence dans l'exercice de la liberté de religion (*CEDH, 16 déc. 2004, Haut Conseil spirituel de la communauté musulmane c/ Bulgarie*). Les États sont habilités à adopter des mesures pour réglementer le port d'insignes ou de vêtements religieux. La Cour a ainsi jugé conventionnelles des mesures comme l'interdiction du voile islamique dans les universités turques (*CEDH, 10 nov. 2005, Leyla Sahin c/ Turquie*) ou l'interdiction du port du voile intégral sur la voie publique (*CEDH, 1er juill. 2014, S.A.S. c/ France*), notamment, dans cette dernière affaire, grâce à la notion assez floue de « vivre ensemble » rattachable à la « protection des droits et libertés d'autrui ». Confirmé à propos de la Belgique dans l'arrêt

Belcacemi et Oussar c/ Belgique du 11 juillet 2017, la notion et les solutions qui en découlent ont creusé un fossé entre :

– d'une part, le juge européen et les autres organes du Conseil de l'Europe (ACPE, res. 1743 [2010], 23 juin 2010) ;
– d'autre part, la Cour et le Comité des droits de l'homme (Comité des droits de l'homme, obs. gén. n° 22, 27 sept. 1993).

Heureusement, l'influence de la notion de vivre ensemble semble limitée, comme l'atteste l'arrêt *Hamidovic c/ Bosnie-Herzégovine* du 5 décembre 2017, dans lequel la Cour conclut à la violation de l'article 9 de la Convention européenne des droits de l'homme consécutivement à l'expulsion du prétoire d'un témoin, puis à sa condamnation à une amende pour outrage à magistrat parce qu'il avait simplement refusé d'enlever sa calotte.

Malheureusement, cette partie de la jurisprudence a été gravement décrédibilisée par une ***distinction douteuse entre symboles religieux passifs et actifs*** afin de ranger les crucifix dans la première catégorie et tolérer leur présence, au nom de la tradition, dans les salles de classe des écoles publiques italiennes (*CEDH, 18 mars 2001, Lautsi c/ Italie*).

Pour aller plus loin

Il n'existe pas à proprement parler d'exigence de ***laïcité*** qui puisse être déduite de la Convention. La laïcité, certes encouragée, car susceptible de mettre en œuvre la neutralité bienvenue des États en matière de religion (*CEDH, 26 nov. 2015, Ebrahimian c/ France*), est une donnée propre à certains États dont il faut tenir compte dans le contrôle des ingérences. En effet, à l'exception de l'arrêt *Lautsi c/ Italie* du 18 mars 2011 dans lequel elle figure comme « conviction des requérants », la laïcité est systématiquement invoquée par les États afin de s'exonérer de leur responsabilité.

■ *Le contrôle des ingérences*

Comme l'article précédent, l'article 9 de la Convention européenne des droits de l'homme comprend une ***clause « d'ordre public »*** afin d'encadrer les ingérences des autorités publiques.

Des dérogations sont autorisées à condition d'être ***prévues par la loi***, ***nécessaires dans une société démocratique*** à la poursuite d'un des ***buts légitimes*** suivants :

- la sécurité publique (*CEDH, 13 déc. 2001, Église métropolitaine de Bessarabie et a. c/ Moldova*) ;
- la protection de l'ordre, de la santé ou de la morale publics (*CEDH, 26 sept. 1996, Manoussakis et a. c/ Grèce*) ;
- la protection des droits et libertés d'autrui (*CEDH, 3 avr. 2012, Francesco Sessa c/ Italie*).

Dans ce domaine délicat, la Cour ménage traditionnellement aux États une ample marge d'appréciation pour décider si, et dans quelle mesure, une restriction au droit de manifester sa religion ou ses convictions est « nécessaire ». C'est particulièrement le cas lorsqu'il s'agit d'arbitrer les rapports entre les communautés religieuses et l'État (*CEDH, 27 juin 2000, Cha'are Shalom Ve Tsedek c/ France*). Les ingérences doivent s'appréhender de manière globale en tenant compte de l'ensemble du dossier (*CEDH, 13 déc. 2001, Église métropolitaine de Bessarabie et a. c/ Moldova*).

Pour aller plus loin

Le ***blasphème*** et la ***diffamation des religions*** ont suscité de nombreux remous en droit international. Bien qu'ils concernent la phénoménologie religieuse, ils posent d'abord la question de la limitation de la liberté d'expression au sens de l'article 10 de la Convention européenne des droits de l'homme. Force est de constater que le blasphème a mis plusieurs fois la jurisprudence européenne des droits de l'homme en porte-à-faux avec les principes dégagés dans l'arrêt *Handyside c/ Royaume-Uni* du 7 décembre 1976, à savoir pluralisme, tolérance et esprit d'ouverture. En effet, depuis son arrêt *Wingrove c/ Royaume-Uni* du 25 novembre 1996 à propos de la vie sexuelle de sainte Thérèse d'Avila, la Cour refuse de considérer en soi l'interdiction du blasphème comme contraire à la Convention. C'est la solution invariable retenue lorsque la liberté d'expression et la religion sont aux prises. Sans qu'il soit possible d'en déduire une interdiction conventionnelle du blasphème, l'arrêt récent *ES c/ Autriche* du 25 octobre 2018 confirme la compréhension malheureusement exagérée à l'égard des États qui souhaitent imposer le respect des convictions religieuses et sanctuariser des idées sous prétexte qu'elles relèvent d'une vérité révélée.

3 La liberté d'expression (Conv. EDH, art. 10)

L'article 10, § 1 de la Convention européenne des droits de l'homme n'est pas une disposition conventionnelle comme les autres. La liberté d'expression qu'il garantit est au ***cœur de la***

société démocratique. Elle constitue « l'un des fondements essentiels de pareille société, l'une des ***conditions primordiales de son progrès et de l'épanouissement de chacun***. [...] Elle vaut non seulement pour les informations ou idées accueillies avec faveur ou considérées comme inoffensives ou indifférentes, mais aussi pour celles qui heurtent, choquent ou inquiètent l'État ou une fraction quelconque de la population. Ainsi le veulent le pluralisme, la tolérance et l'esprit d'ouverture sans lesquels il n'est pas de société démocratique » (*CEDH, 7 déc. 1976, Handyside c/ Royaume-Uni*).

Elle est à la fois un droit subjectif et un principe objectif. Liberté de l'individu, elle est aussi « une des conditions préalables au bon fonctionnement de la démocratie » (*CEDH, 16 mars 2000, Özgur Gundem c/ Turquie*). Elle vaut tant pour les personnes physiques que morales (*CEDH, 22 mai 1990, Autronic AG c/ Suisse*). Sous réserve de leur devoir de loyauté, ni les fonctionnaires (*CEDH, 26 sept. 1995, Vogt c/ Allemagne*) ni les militaires ne peuvent en être privés (*CEDH, 25 nov. 1997, Grigoriades c/ Grèce*).

■ *Les éléments de la liberté d'expression*

La liberté d'expression comprend :

- la liberté d'***opinion*** (*CEDH, 27 juill. 2004, Sidabras et Dziautas c/ Lituanie*) ;
- la liberté de ***recevoir des informations*** (*CEDH, 16 déc. 2008, Khurshid Mustafa et Tarzibachi c/ Suède*) ;
- le droit d'***aller les rechercher*** (*CEDH, 26 mars 1987, Leander c/ Suède*) ;
- la liberté de ***communiquer des informations et des idées*** (*CEDH, 17 juin 2008, Meltex Ltd et Mesrop Movsesyan c/ Arménie*).

Ces éléments concernent à la fois la liberté d'expression :

- politique, qui permet le « libre jeu du débat politique » (*CEDH, 8 juill. 1986, Lingens c/ Autriche*) ;
- artistique (*CEDH, 24 mai 1988, Müller et a. c/ Suisse*) ;
- religieuse (*CEDH, 25 nov. 1996, Wingrove c/ Royaume-Uni*) ;
- scientifique (*CEDH, 16 déc. 1992, Hadjianastassiou c/ Grèce*) ;
- commerciale, même (*CEDH, 20 nov. 1989, Markt Intern Verlag et Klaus Beermann c/ Allemagne*).

Les discours politiques et les débats sur les questions d'intérêt général jouissent, entre tous, du degré de protection le plus élevé. C'est encore plus vrai lorsque l'expression, même insultante, est prononcée dans un contexte électoral, par une personnalité politique, de surcroît membre de l'opposition (*CEDH, 14 mars 2013, Eon c/ France : « Casse-toi, pauv' con ! »*).

La Cour tient également compte de la ***diversité des supports***. Ils peuvent être matériels ou immatériels. L'expression visée à l'article 10 peut être véhiculée par :

- des documents écrits comme des fréquences radiophoniques ou de télévision (*CEDH, 28 mars 1990, Groppera Radio AG c/ Suisse*) ;
- des œuvres d'art (*CEDH, 24 mai 1988, Müller et a. c/ Suisse*) ;
- des films (*CEDH, 20 sept. 1994, Otto-Preminger-Institut c/ Autriche*) ;
- Internet (*CEDH, 3 avr. 2007, Copland c/ Royaume-Uni*).

L'article 10, § 2 de la Convention européenne des droits de l'homme n'empêche pas les États de soumettre les entreprises de radiodiffusion, de cinéma ou de télévision à un régime d'autorisation.

La distinction entre la notion d'***information***, qui renvoie aux ***faits***, et celle d'***idée***, qui concerne plutôt des ***jugements de valeur***, n'est pas simplement esthétique : elle entraîne également une variation du régime juridique. En effet, si la matérialité des premiers peut se prouver notamment dans le cadre de l'*exceptio veritatis* (*CEDH, 15 févr. 2005, Steel et Morris c/ Royaume-Uni*), les seconds ne se prêtent pas, par nature, à une démonstration de leur exactitude. Dès lors, contraindre une personne à démontrer la vérité d'un jugement de valeur s'analyse en atteinte au droit garanti par l'article 10 de la Convention européenne des droits de l'homme (*CEDH, 28 sept. 1999, Dalban c/ Roumanie*).

■ *La liberté de la presse*

L'importance démocratique de la presse et son rôle irremplaçable dans le débat public expliquent la survalorisation de sa liberté (*CEDH, 25 juin 1992, Thorgeir Thorgeirson c/ Islande*). Érigée en ***« chien de garde » de la société démocratique*** (*CEDH, 26 avr. 1979, Sunday times c/ Royaume-Uni*), la presse doit être dotée de tous les moyens indispensables pour remplir sa tâche.

Ce soutien spécifique se manifeste de plusieurs façons :

- en premier lieu, la Cour protège le ***secret des sources journalistiques*** (*CEDH, 27 mars 1996, Goodwin c/ Royaume-Uni*), protection qui justifie un contrôle renforcé des perquisitions pratiquées au domicile ou sur le lieu de travail de journalistes et des saisies de matériel journalistique (*CEDH, 16 juill. 2013, Nagla c/ Lettonie*) ;
- en second lieu, la Cour recherche un strict rapport de proportionnalité dans la poursuite et la sanction des délits de presse. Toutefois, si la liberté de la presse a longtemps été privilégiée par rapport à la protection de la réputation, l'interdiction du recours à l'injure ou à la diffamation, le juge européen a procédé à un rééquilibrage (*CEDH, 10 mars 2009, Times Newspapers Ltd c/ Royaume-Uni n°s 1 et 2*) et appuie désormais sur la ***déontologie à laquelle les journalistes doivent se soumettre*** (*CEDH, 10 déc. 2007, Stoll c/ Suisse*).

Enfin, le respect de la vie privée d'autrui commande de limiter, le cas échéant, les publications. L'arrêt *Axel Springer AG c/ Allemagne* du 7 février 2012 indique une série de critères pertinents à prendre en considération :
- le degré de notoriété de la personne concernée ;
- l'objet du reportage ;
- le contenu, la forme et les répercussions de la publication ;
- le mode d'obtention des informations et leur véracité ;
- la gravité de la sanction imposée.

Pour aller plus loin

Souvent relayés dans les médias, les ***lanceurs d'alerte*** se sont multipliés au cours de la dernière décennie. La Cour apprécie le poids respectif à accorder à l'intérêt général à ce que le public prenne connaissance de l'information divulguée par le lanceur d'alerte et le préjudice ou les risques causés par la divulgation. Elle fait à ce titre une distinction selon que le lanceur d'alerte est soumis ou non à une obligation de loyauté et de confidentialité renforcée selon son statut (salarié, fonctionnaire, militaire...). Elle a enfin établi six critères de contrôle (*CEDH, 12 févr. 2008, Guja c/ Moldova*) :
- Quels recours étaient à la disposition du lanceur d'alerte ?
- L'information divulguée servait-elle l'intérêt général ?
- L'information divulguée était-elle authentique ?
- Quel préjudice la divulgation de l'information a-t-elle causé ?
- Le lanceur d'alerte était-il de bonne foi ?
- Les sanctions infligées au lanceur d'alerte étaient-elles nécessaires ?

■ *Le contrôle des ingérences*

L'article 10 de la Convention européenne des droits de l'homme fait partie des dispositions de la Convention qui comportent une ***clause dite « d'ordre public »*** afin d'encadrer les ingérences des autorités publiques. Conformément à la logique de ces dernières, des dérogations sont autorisées à condition :
- d'être prévues par la loi ;
- de poursuivre un but légitime ;
- d'être nécessaires dans une société démocratique.

Parmi les buts admis, figure :

– la sécurité nationale ;

– l'intégrité territoriale ou la sûreté publique (*CEDH, 8 juill. 1999, Karatas c/ Turquie*) ;

– la défense de l'ordre et la prévention du crime (*CEDH, 9 juin 1998, Incal c/ Turquie*) ;

– la protection de la santé ou de la morale (*CEDH, 16 févr. 2010, Akdaş c/ Turquie*) ;

– la protection de la réputation ou des droits d'autrui (*CEDH, 8 juill. 1986, Lingens c/ Autriche*) :

  • pour empêcher la divulgation d'informations confidentielles (*CEDH, 26 mars 1987, Leander c/ Suède*),

  • pour garantir l'autorité et l'impartialité du pouvoir judiciaire (*CEDH, 13 nov. 2008, Kayasu c/ Turquie*).

L'article 16 de la Convention européenne des droits de l'homme prévoit également la possibilité de restrictions à la liberté d'expression des étrangers dans le domaine politique. Heureusement, cette tolérance singulière a été neutralisée (*CEDH, 27 avr. 1995, Piermont c/ France*).

L'article 17 de la Convention européenne des droits de l'homme relatif à l'interdiction de l'abus de droit a fait l'objet d'un usage parcimonieux afin de juguler la diffusion de doctrines incompatibles avec la démocratie et les droits de l'homme, comme :

– le national-socialisme (*CEDH, 1er févr. 2000, Schimanek c/ Autriche*) ;

– le négationnisme (*CEDH, 24 juin 1996, Marais c/ France*) ;

– l'islamisme (*CEDH, 12 juin 2012, Hizb Ut-Tahrir et a. c/ Allemagne*).

L'un des pivots du contrôle de l'article 10 de la Convention européenne des droits de l'homme est la notion de ***débat « d'intérêt général »***. C'est elle qui permet de définir les limites de la liberté d'expression et donne sa cohérence à cette partie du contentieux. Les sujets d'intérêt général concernent des questions qui touchent le public, qui sont susceptibles de l'intéresser, d'éveiller son attention ou de le préoccuper en ce qu'ils touchent au bien-être des citoyens ou la vie de la collectivité (*CEDH, 10 nov. 2015, Couderc et Hachette Filipacchi Associés c/ France*). La Cour est très généreuse dans la qualification :

– des débats politiques, à l'évidence (*CEDH, 27 avr. 1995, Piermont c/ France*) ;

– des débats relatifs à des brutalités policières, également (*CEDH, 25 juin 1992, Thorgeir Thorgeirson c/ Islande*) ;

– du fonctionnement de la justice (*CEDH, 23 avr. 2015, Morice c/ France*) ;

– de la santé d'un chef d'État (*CEDH, 7 févr. 2002, Von Hannover c/ Allemagne n° 2*) ;

– de l'insuffisance des services vétérinaires (*CEDH, 25 mars 1985, Barthold c/ Allemagne*)...

La liste n'est pas exhaustive. Particulièrement étroite, au point que certains auteurs évoquent « une super liberté », la marge d'appréciation devient presque inexistante si le débat est jugé d'intérêt général. Si tout individu est tenu de ne pas dépasser certaines bornes, il lui est permis de recourir à une certaine dose d'exagération ou de provocation (*CEDH, 11 mai 2010, Fleury c/ France*).

Le respect de l'égale dignité de tous les êtres humains, fondement de la société démocratique, peut néanmoins rendre nécessaire de sanctionner, voire de prévenir, des ***formes d'expression qui propagent, incitent à, promeuvent ou justifient ce type de haine fondée sur l'intolérance*** (*CEDH, 6 juill. 2006, Erbakan c/ Turquie*). La Cour épaule assez facilement les États qui luttent contre les discours :

- de haine (*CEDH, 20 févr. 2007, Pavel Ivanov c/ Russie*) ;
- racistes (*CEDH, 20 avr. 2010, Le Pen c/ France*) ;
- homophobes (*CEDH, 9 févr. 2012, Vejdeland et a. c/ Suède*) ;
- islamophobes (*CEDH, 16 nov. 2004, Norwood c/ Royaume-Uni*) ;
- négationnistes (*CEDH, 24 juin 2003, Garaudy c/ France*) ;
- faisant l'apologie de crimes de guerre (*CEDH, 23 sept. 1998, Lehideux et Isorni c/ France*) ;
- de violence (*CEDH, 8 juill. 1999, Sürek c/ Turquie n° 1*) ;
- du terrorisme (*CEDH, 2 août 2008, Leroy c/ France*).

Pour aller plus loin

Dans l'affaire *Eon c/ France* (arrêt du 14 mars 2013), la Cour a, de manière circonstancielle, étendu le bouclier conventionnel à une ***expression injurieuse*** (« Casse-toi, pauv'con ! ») empruntée au président de la République et utilisée par une personnalité politique en marge d'un déplacement de celui-ci. La Cour ne nie pas le caractère offensant de la formule, mais souligne qu'elle doit être analysée à la lumière de l'ensemble de l'affaire, et en particulier au regard de la qualité de son destinataire, de celle du requérant, de sa forme et du contexte de répétition dans lequel il a été proféré. Partant, considérant l'amplitude et l'importance de la liberté qui sied aux débats politiques et aux débats d'intérêt général, la Cour parvient à la conclusion que la sanction infligée au requérant était disproportionnée. Bien qu'elle ne fût pas sanctionnée pour l'existence de l'incrimination d'offense au président de la République, mais seulement pour l'application qui en avait été faite, la France a tenu compte de l'hostilité de la Cour à l'égard de ce genre d'incriminations (*CEDH, 25 juin 2002, Colombani et al. c/ France*) et abrogé ce délit avec la loi n° 2013-711 du 5 août 2013.

4 La protection de la propriété (Conv. EDH, art. 1P1)

Aux termes de l'article 1P1, « Toute personne physique ou morale a droit au respect de ses biens. Nul ne peut être privé de sa propriété que pour cause d'utilité publique et dans les conditions prévues par la loi et les principes généraux du droit international » (§ 1), ce qui ne prive pas les États du droit « de mettre en vigueur les lois qu'ils jugent nécessaires pour réglementer l'usage des biens conformément à l'intérêt général ou pour assurer le paiement des impôts ou d'autres contributions ou des amendes » (§ 2).

■ *Les trois normes*

L'arrêt *Sporrong et Lönnroth c/ Suède* du 23 septembre 1982 distingue pour la première fois trois normes dans les deux paragraphes de l'article 1P1, dont la deuxième et la troisième, *lex specialia*, doivent s'interpréter à la lumière de la première, *lex generalis*.

a) La première norme : la substance du droit de propriété

L'atteinte à la substance du droit de propriété permet une application de l'article 1P1 lorsque l'ingérence litigieuse n'est ni une privation de propriété ni une réglementation de l'usage d'un bien. Tout en restant juridiquement intacte, ***la propriété est précarisée par un obstacle qui en affecte la jouissance ou diminue la disponibilité du bien***. Il peut s'agit :

- d'un obstacle de fait (*CEDH, 18 déc. 1996, Loizidou c/ Turquie*) ;
- d'un obstacle de droit, comme une loi de validation (*CEDH, 9 déc. 1994, Raffineries grecques Stran et Stratis Andreadis c/ Grèce*) ;
- d'une pratique administrative (*CEDH, 22 juin 2004, Broniowski c/ Pologne*) ;
- de l'inexécution d'une décision de justice (*CEDH, 21 janv. 2010, Barrett et Sirjean c/ France*).

b) La deuxième norme : la privation de propriété

La deuxième norme vise la privation ou ***le transfert de propriété***. Cela concerne par exemple :

- les adjudications forcées (*CEDH, 21 févr. 1986, James c/ Royaume-Uni*) ;
- les expropriations (*CEDH, 15 nov. 1996, Katakiradis c/ Grèce*) ;
- les nationalisations (*CEDH, 1er oct. 2002, Baragan c/ Roumanie*) ;
- les confiscations (*CEDH, 23 nov. 2000, Ex-roi de Grèce et a. c/ Grèce*).

Le contrôle des éventuelles ingérences porte ici sur trois éléments :
- l'existence d'une ***cause d'utilité publique***, comme :
  - la poursuite d'une politique sociale (*CEDH, 21 févr. 1986, James c/ Royaume-Uni*),
  - la poursuite d'une politique d'aménagement territoriale (*CEDH, 2 juill. 2002, Motais de Narbonne c/ France*),
  - la prévention de la fraude fiscale (*CEDH, 22 sept. 1994, Hentrich c/ France*) ;
- la ***légalité de l'ingérence***, c'est-à-dire l'existence d'une norme de droit interne suffisamment accessible, précise et prévisible (*CEDH, 1er déc. 2005, Paduraru c/ Roumanie*) ;
- le ***respect des principes généraux du droit international***.

c) La troisième norme : la réglementation de l'usage du bien

La réglementation de l'usage des biens intéresse toutes les mesures qui ***limitent l'usage de la propriété***, sans pour autant en emporter transfert ou dégradation.

Deux justifications sont possibles :
- soit la réglementation poursuit la ***satisfaction d'un intérêt général***, à savoir la protection notamment :
  - de la morale (*CEDH, 7 déc. 1976, Handyside c/ Royaume-Uni*),
  - de l'ordre public (*CEDH, 26 févr. 2009, Grifhorst c/ France*),
  - de la santé publique (*CEDH, 15 juill. 2010, Chagnon et Fournier c/ France*),
  - de l'environnement (*CEDH, 27 nov. 2007, Hamer c/ Belgique*),
  - du patrimoine cynégétique (*CEDH, 29 avr. 1999, Chassagnou c/ France*)... ;
- soit la réglementation tend à assurer le paiement des impôts, des contributions ou des amendes :
  - saisie et vente d'un bien afin de purger une dette fiscale (*CEDH, 23 févr. 1995, Gasus Dosier und Fördertechnik Gmbh c/ Pays-Bas*),
  - redressement fiscal (*CEDH, 31 janv. 2006, Dukmedjian c/ France*)...

Dans les deux cas, la marge d'appréciation concédée aux États est particulièrement ample. La Cour cantonne son contrôle à la recherche d'un rapport de proportionnalité « raisonnable » entre l'objectif et les moyens utilisés.

■ *L'extension du champ d'application de l'article 1er du protocole n° 1*

La Cour utilise principalement deux leviers d'élargissement : l'autonomie de la notion de bien et la théorie de l'espérance légitime.

a) L'autonomisation de la notion de « biens »

Comme les autres notions conventionnelles, la notion de « biens » doit être interprétée de façon autonome. Toutefois, c'est probablement dans le cadre de cette dernière que le juge européen a fait preuve de plus d'audace. La Cour est totalement indifférente au droit interne, que ce soit :

- la qualification (*CEDH, 23 févr. 1995, Gasus Dosier und Fördertechnik Gmbh c/ Pays-Bas*) ;
- la situation (*CEDH, 29 mars 2010, Brosset-Triboulet et a. c/ France*) ;
- l'existence d'un titre juridique (*CEDH, 30 nov. 2004, Oneryildiz c/ Turquie*).

Seule compte l'existence d'un ***« intérêt économique substantiel »*** ou d'un ***« intérêt patrimonial » suffisant***. L'article 1P1 a vocation à couvrir tout ce qui est doté d'une valeur patrimoniale (*CEDH, 18 nov. 2012, Consorts Rochet et Le Ber c/ France*).

L'extension du domaine d'application s'est essentiellement faite dans deux directions :

- les ***intérêts commerciaux et industriels*** (*CEDH, 28 juill. 2005, Alatulkkila et a. c/ Finlande*) ;
- les ***intérêts sociaux*** (*CEDH, 30 sept. 2003, Koua-Poirrez c/ France*).

b) La socialisation de la notion de bien

Expression de Jean-Pierre Marguénaud, la « socialisation de la notion de biens » rend compte de la combinaison de l'article 1P1 avec l'article 14 de la Convention européenne des droits de l'homme afin de pallier l'***inadaptation de la Convention pour défendre les droits sociaux*** et permettre une justice sociale minimale. En effet, au sein du Conseil de l'Europe, la Convention n'avait pas vocation à protéger ces droits créances, dont la reconnaissance fit l'objet d'un texte distinct (la Charte sociale européenne, adoptée en 1961 et révisée en profondeur en 1996) et d'une protection spécifique devant le Comité des droits sociaux.

Contre toute attente, la Cour a déployé les effets de la Convention dans ce domaine grâce à l'***article 1P1 combiné avec l'article 14 de la Convention européenne des droits de l'homme***, mais aussi les articles 8 et 11 de la même Convention. Sont donc des biens au sens de l'article 1P1 :

- les allocations adultes handicapés (*CEDH, 30 sept. 2003, Koua-Poirrez c/ France*) ;
- les pensions de vieillesse (*CEDH, 4 juin 2002, Wessels-Bergervoet c/ Pays-Bas*) ;
- les pensions de retraite (*CEDH, 15 sept. 2009, Moskal c/ Pologne* : décision brutale et disproportionnée de retirer une pension de retraite accordée par erreur, mais qui était l'unique source de revenus de la requérante) ;
- les pensions de réversion versées au conjoint survivant (*CEDH, 8 déc. 2009, Munoz Diaz c/ Espagne*) ;

– les pensions alimentaires (*CEDH, 28 sept. 2010, J. M. c/ Royaume-Uni*) ;

– les prestations de sécurité sociale (*CEDH, 12 avr. 2006, Stec et a. c/ Royaume-Uni*).

Certes, l'article 1P1 ne crée ***aucun droit à percevoir des prestations sociales*** ; cependant, si la législation prévoit de telles prestations, cette disposition s'appliquera au titre de la troisième norme (*CEDH, 21 févr. 1997, Van Raalte c/ Pays-Bas*).

c) La théorie de l'espérance légitime

Les requérants peuvent invoquer devant le juge de Strasbourg la ***perte de l'espérance légitime de voir une créance se concrétiser*** (*CEDH, 20 nov. 1995, Pressos Compania Naviera SA et a. c/ Belgique*).

La théorie repose sur l'idée d'***inhérence au droit de propriété*** et de l'existence d'une ***base juridique suffisante en droit interne*** pour pouvoir qualifier la créance en biens (*CEDH, 28 sept. 2004, Kopecky c/ Slovaquie*). C'est à sa mise en œuvre que la France doit notamment deux condamnations consécutives à l'application rétroactive de la loi n° 2002-303 du 4 mars 2002, dite « loi anti-Perruche » (*CEDH, 6 oct. 2005, Draon c/ France ; CEDH, 6 oct. 2005, Maurice c/ France*). La Cour conclut à la violation de l'article 1P1, car la loi est entrée en vigueur après l'introduction de l'instance devant le juge national. Or, au moment de cette introduction, la jurisprudence Perruche de la Cour de cassation permettait aux requérants d'entretenir une espérance légitime d'indemnisation du préjudice subi consécutivement à l'erreur de diagnostic prénatal dont ils s'estimaient victimes.

d) Le droit à l'indemnisation du préjudice subi

Malgré l'absence de droit à l'indemnisation dans la lettre de l'article 1P1, la Cour érige celui-ci en élément d'appréciation du « juste équilibre » entre l'objectif et les moyens utilisés (*CEDH, 8 juill. 1986, Lithgow c/ Royaume-Uni*). Il existe un droit implicite à l'indemnisation en l'absence duquel le droit au respect des biens serait « illusoire et inefficace ».

Le ***dédommagement doit être « raisonnablement en rapport avec la valeur du bien »***, ce qui emporte trois observations :

– premièrement, l'indemnisation peut être inférieure à la valeur du marché ;

– deuxièmement, l'indemnisation peut varier en fonction du type d'ingérence (nationalisation, confiscation, expropriation, préemption, réglementation, sanction...), de la cause d'utilité publique ou de la nature du bien concerné (*CEDH, 11 avr. 2002, Lallement c/ France*). Seule limite, l'évaluation ne doit pas être trop faible (*CEDH, 11 janv. 2001, Platakou c/ Grèce*) ;

– troisièmement, l'indemnisation doit se faire dans un délai raisonnable (*CEDH, 21 févr. 1997, Guillemin c/ France*). Un délai d'indemnisation trop long peut aggraver la situation d'un requérant et constituer une atteinte supplémentaire, distincte de l'ingérence initiale (*CEDH, 19 févr. 2004, Jorge Nina Jorge et a. c/ Portugal : 24 ans pour indemniser à la suite d'une nationalisation*).

Les droits de l'intimité

Chapitre 11

L'article 8 de la Convention européenne des droits de l'homme est un univers à lui seul. Pris dans les quatre éléments qu'il protège, il a donné lieu à l'une des jurisprudences les plus foisonnantes de la Cour de Strasbourg.

1 Le droit au respect de la vie privée et familiale, du domicile et des correspondances (Conv. EDH, art. 8)

■ *L'interprétation extensive des droits protégés*

La Cour a donné une interprétation particulièrement large à la protection de la vie privée, de la vie familiale, du domicile et des correspondances.

a) La notion de « vie privée »

La notion de « vie privée » a été suffisamment dilatée par le juge européen pour que la doctrine la qualifie de notion « attrape-tout » de la Convention. Elle englobe :

- l'intégrité physique et morale de la personne ;
- les aspects de l'identité physique et sociale d'un individu tels que, par exemple, l'identification sexuelle (*CEDH, 11 juill. 2002, Christine Goodwin c/ Royaume-Uni*) ;
- le droit à un nom (*CEDH, 24 oct. 1996, Guillot c/ France*) ;
- les changements d'état civil ou la nouvelle identité ;

– le droit de connaître ses origines (*CEDH, 25 sept. 2012, Godelli c/ Italie*) ;

– l'orientation sexuelle et la vie sexuelle (*CEDH, 22 oct. 1981, Dudgeon c/ Royaume-Uni*).

Le droit à la vie privée a permis de sanctionner des publications violant le ***droit à l'image*** (*CEDH, 24 juin 2004, Von Hannover c/ Allemagne*). C'est aussi à ce droit qu'a été adossée la ***protection des données personnelles*** (*CEDH, 26 mars 1987, Leander c/ Suède*) dont la Cour souligne l'importance fondamentale, particulièrement lorsque les informations sont traitées automatiquement à des fins policières ou judiciaires (*CEDH, 17 déc. 2009, B.B. c/ France, Gardel c/ France et M.B. c/ France*). Outre la protection contre leur divulgation (*CEDH, 6 juin 2013, Avilkina et a. c/ Russie*), elle protège également le ***droit à leur accès***, notamment lorsqu'elles sont conservées par des autorités de sûreté ou les services secrets (*CEDH, 6 juin 2006, Segerstedt-Wiberg et a. c/ Suède*). La simple mémorisation des données relatives à la vie privée d'un individu constitue une ingérence au droit à la vie privée. Peu importe leur utilisation ultérieure. La même vigilance est apportée aux écoutes, qu'elles soient diligentées par la police (*CEDH, 2 août 1984, Malone c/ Royaume-Uni*) ou par une autorité judiciaire (*CEDH, 24 avr. 1990, Kruslin c/ France*).

Dans un arrêt *Big Brother Watch et a. c/ Royaume-Uni* du 13 septembre 2008, arrêt très inspiré de la jurisprudence de la Cour de justice de l'Union européenne (*CJUE, 8 avr. 2014, Digital Rights*), la Cour distingue la ***surveillance de masse*** et l'***interception massive de communications***. L'interception n'est pas, en elle-même, contraire à la Convention si elle s'accompagne de garanties suffisantes, notamment relatives à l'accès aux données de connexion et à la procédure de sélection des communications interceptées.

De manière générale, la « vie privée » recouvre le ***développement personnel*** et le droit d'établir et entretenir des rapports avec d'autres êtres humains et le monde extérieur (*CEDH, 29 avr. 2002, Pretty c/ Royaume-Uni*). Bien que le concept d'***autonomie personnelle*** ait été étendu à d'autres contentieux, dont ceux de l'article 11 de la Convention européenne des droits de l'homme (*CEDH, 11 janv. 2006, Sorensen et Rasmussen c/ Danemark*), de l'article 6 de la même Convention (*CEDH, 27 mars 2008, Tourikiki Enosi Xanthis et a. c/ Grèce*) ou de l'article 2P1 (*CEDH, 27 mars 2008, Chtoukatourov c/ Russie*), c'est dans le cadre de celui de l'article 8 de la Convention européenne des droits de l'homme qu'il a été forgé et qu'il trouve encore l'application la plus éclatante. Il implique le droit de disposer de son corps, y compris de s'adonner à des activités perçues comme étant d'une nature physiquement ou moralement dommageable ou dangereuse pour sa personne (*CEDH, 17 févr. 2005, K.A. et A.D. c/ Belgique*).

Droit au développement personnel et droit à l'autonomie personnelle se rassemblent sous la bannière d'un troisième, plus large, qui leur sert d'horizon : le droit à l'***épanouissement personnel*** (*CEDH, 16 déc. 2010, A.B.C. c/ Irlande*).

Pour aller plus loin

Bien qu'elle ait déclenché l'ire des réactionnaires de tous horizons, la solution des arrêts *Mennesson et a. c/ France et Labassee c/ France* du 26 juin 2014, à propos du refus de transcription ou d'inscription sur les registres de l'état civil d'un enfant issu d'une gestation pour autrui, était prévisible. La Cour n'a fait que mettre la France face à ses obligations internationales, en l'occurrence la Convention internationale des droits de l'enfant du 20 novembre 1989, et rappeler le primat de l'intérêt supérieur de l'enfant (*CEDH, 6 déc. 2007, Maumousseau et Washington*). La Cour conclut à la violation de l'article 8, § 1 de la Convention européenne des droits de l'homme après avoir mis en balance :
– d'une part, la protection de la santé et la protection des droits et libertés d'autrui ;
– d'autre part, l'intérêt supérieur des enfants qui se retrouvent dans une situation d'incertitude juridique et dont l'identité est malmenée.

La non-reconnaissance du lien de filiation ne se limite pas à la situation des parents qui, seuls, ont fait le choix des modalités de création reproché par les autorités françaises, elle porte également sur celle des enfants eux-mêmes, dont le droit au respect de la vie privée implique que chacun puisse établir la substance de son identité, y compris sa filiation. Le timide alignement de la Cour de cassation (*Cass. ass. plén., 3 juill. 2015, n° 14-21323*) n'a pas empêché des condamnations ultérieures (*CEDH, 21 juill. 2016, Foulon et Bouvet c/ France*). Celles-ci se lisent par ailleurs comme un rappel cinglant de l'égalité entre familles hétéroparentales et homoparentales. Elles ont été récemment complétées par deux arrêts respectivement rendus contre l'Italie puis la France dans des affaires où il n'existait aucun lien génétique avec l'enfant (*CEDH, 27 janv. 2015, Paradiso et Campanelli c/ Italie ; CEDH, 20 janv. 2017, Laborie c/ France*).

b) La notion de « vie familiale »

La notion de « vie familiale » est elle aussi largement entendue. Elle déduit du droit à la vie familiale de nombreux droits en matière :
– de regroupement familial (*CEDH, 14 juin 2011, Osman c/ Danemark*) ;
– de droits parentaux :
  • exercice de l'autorité parentale,
  • droit de garde et de visite (*CEDH, 21 déc. 1999, Salgueiro Da Silva Mouta c/ Portugal*),
  • droits des grands-parents (*CEDH, 9 juin 1998, Bronda c/ Italie*) ;

– d'établissement de la filiation (*CEDH, 28 nov. 1984, Rasmussen c/ Danemark*), y compris lorsque le lien est établi consécutivement à une gestation pour autrui (*CEDH, 26 juin 2014, Mennesson et a. c/ France et Labassee c/ France*).

Pris dans son volet familial, l'article 8 de la Convention européenne des droits de l'homme est probablement l'une des dispositions conventionnelles qui soulève le plus de polémiques, et permet une rapide identification des adversaires du cosmopolitisme et de la tolérance. Cette partie du contentieux a produit des effets spectaculaires, notamment en contraignant les États à mettre en place des procédures de ***regroupement familial*** au bénéfice des personnes étrangères répondant à la triple exigence de souplesse, célérité et effectivité (*CEDH, 10 juill. 2014, Senigo Longue et a. c/ France, Tanda-Muzinga c/ France, Mugenzi c/ France*), en empêchant la rétention administrative des enfants étrangers isolés (*CEDH, 12 oct. 2006, Mubilanzila maieka et Kaniki Mitunga c/ Belgique*) ou en limitant les possibilités d'éloignement des immigrés de longue durée (*CEDH, 22 mars 2007, Maslov c/ Autriche*). Elle a aussi obligé certains États à revisiter en profondeur leur conception :

– de la famille, avec l'abandon de la distinction entre enfants légitimes et naturels (*CEDH, 1er févr. 2000, Mazurek c/ France*),
– de l'obligation de coexistence pour reconnaître une vie familiale (*CEDH, 21 juin 1988, Berrehab c/ Pays-Bas*),
– de liens de sang (*CEDH, 22 avr. 1997, X, Y et Z c/ Royaume-Uni*) ;
– de l'hétérosexualité (*CEDH, 26 mars 1992, Beldjoudi c/ France*).

c) Le « domicile »

À l'instar des notions précédentes, celle de « domicile » a donné lieu à une interprétation extensive. En effet, la Cour a ouvert le bénéfice du respect du domicile aux cabinets d'avocats (*CEDH, 16 déc. 1992, Niemietz c/ Allemagne*) puis aux locaux des sociétés commerciales (*CEDH, 16 avr. 2002, Société Colas Est et a. c/ France*) afin de les protéger contre des abus, notamment des perquisitions et des saisies arbitraires. Le domicile concerne potentiellement ***tout endroit où une personne vit sur une base stable***.

Longtemps hermétique aux prétentions des gens du voyage (*CEDH, 18 janv. 2001, Chapman c/ Royaume-Uni*), la Cour accorde aujourd'hui une protection de leur mode d'existence spécifique, dont la vie en caravane fait partie, au nom de leur vulnérabilité en tant que groupe (*CEDH, 17 oct. 2013, Winterstein et a. c/ France*).

L'article 8, § 1 de la Convention européenne des droits de l'homme ne confère aucun droit au logement (*CEDH, 6 nov. 2017, Garib c/ Pays-Bas*). Il n'implique qu'une série d'obligations négatives et positives de protéger le domicile contre les ingérences des autorités publiques ou des particuliers (*CEDH, 20 avr. 2004, Surugiu c/ Roumanie*). La Cour a ainsi été amenée à se prononcer sur des litiges nés entre des locataires et des propriétaires, au cours desquels l'État défendeur n'avait pas joué son rôle et dans lesquels les garanties procédurales des requérants n'avaient pas été respectées :

– procédures d'éviction sommaires (*CEDH, 21 avr. 2016, Ivanova et Cherkezov c/ Bulgarie*) ;
– occupation illégale (*CEDH, 11 oct. 2016, Bagdonavicius et a. c/ Russie*) ;
– transmission du bail au conjoint survivant (*CEDH, 18 nov. 2004, Prokopovitch c/ Russie*).

Pour aller plus loin

Bien que la Convention ne consacre pas en tant que tel un quelconque droit à un environnement sain, la Cour a mobilisé plusieurs dispositions conventionnelles afin d'en assurer le respect. L'article 8 de la Convention européenne des droits de l'homme, pris dans son volet « domicile », est sans conteste celui qui a accouché de la jurisprudence la plus féconde (*CEDH, 8 juill. 2003, Hatton c/ Royaume-Uni*). Il s'applique aussi bien lorsque la nuisance est directement imputable à l'État ou indirectement faute de réglementation adéquate de l'activité du secteur privé concerné. En revanche, les conséquences de la pollution de l'environnement doivent atteindre un seuil minimum de gravité (*CEDH, 9 déc. 1994, Lopez Ostra c/ Espagne*). Le juge européen a renforcé ce nouvel impératif par un droit du public à l'accès aux informations et aux enquêtes relatives à l'environnement (*CEDH, 27 janv. 2009, Tatar c/ Roumanie*) doublé d'une obligation positive procédurale imposant aux autorités étatiques d'effectuer une enquête en cas d'accident ou de catastrophe écologique (*CEDH, 20 mars 2008, Budayeva c/ Russie*).

d) Les « correspondances »

S'agissant des « correspondances », la Cour porte essentiellement son contrôle sur la ***faculté de pouvoir communiquer*** plutôt que sur le contenu des communications. Dès lors, elle met davantage l'accent sur les moyens utilisés au sens de l'article 8, § 1 de la Convention européenne des droits de l'homme ; les correspondances recouvrent ainsi :

– le courrier privé comme le courrier professionnel (*CEDH, 16 déc. 1992, Niemietz c/ Allemagne*) ;
– les conversations téléphoniques (*CEDH, 6 sept. 1978, Klass et a. c/ Allemagne*) ;
– les informations se rapportant à ces conversations : date, durée, numéro composé (*CEDH, 25 sept. 2001, P.G. et J.H. c/ Royaume-Uni*) ;

– les messages électroniques (*CEDH, 3 avr. 2007, Copland c/ Royaume-Uni*) ;
– les données des serveurs informatiques (*CEDH, 16 oct. 2007, Wieser et Bicos Beteiligungen GmbH c/ Autriche*) ;
– les supports numériques : disquettes, disques compacts, disques durs (*CEDH, 27 sept. 2005, Petri Sallinen et a. c/ Finlande*).

S'agissant des détenus, le contrôle de leurs correspondances n'est pas incompatible avec la Convention eu égard aux exigences normales et raisonnables de l'emprisonnement (*CEDH, 25 mars 1983, Silver et a. c/ Royaume-Uni*). S'il peut s'avérer nécessaire de surveiller leur courrier, leurs appels téléphoniques et de manière générale tous leurs contacts avec l'extérieur, cette surveillance ne doit pas excéder les exigences liées au but légitime poursuivi (*CEDH, 23 janv. 2007, Kepeneklioglu c/ Turquie*).

En revanche, une attention spécifique est accordée à la ***correspondance des détenus avec leur avocat*** (*CEDH, 25 juill. 2013, Khodorkovskiy et Lebedev c/ Russie*). Cette dernière bénéficie d'un statut privilégié du fait de son lien avec le droit à un procès équitable (*CEDH, 25 mars 1992, Campbell c/ Royaume-Uni*). En effet, si l'avocat ne peut s'entretenir avec son client ni recevoir des informations ou des instructions confidentielles, son assistance perd une grande partie de son effectivité (*CEDH, 2 juin 2009, Szuluk c/ Royaume-Uni*). Par conséquent, l'ouverture des courriers d'un détenu à son avocat et réciproquement ne peut pas être systématique. Elle doit rester exceptionnelle et doit être motivée par des raisons plausibles de penser qu'ils contiennent un élément illicite non révélé par les moyens normaux de détection (*CEDH, 22 mai 2008, Petrov c/ Bulgarie*). Enfin, les autorités pénitentiaires sont tenues de fournir au détenu le matériel nécessaire pour pouvoir communiquer avec son avocat (*CEDH, 24 juin 2009, Gagiu c/ Roumanie*).

■ *Le contrôle des ingérences*

L'article 8 de la Convention européenne des droits de l'homme fait partie des dispositions conventionnelles qui comportent une ***clause dite « d'ordre public »*** afin d'encadrer les ingérences des autorités publiques. Conformément à la logique de ces dernières, des dérogations sont autorisées à condition d'être ***prévues par la loi***, ***poursuivre un but légitime*** et être ***nécessaires dans une société démocratique***.

L'article 8, § 2 de la Convention européenne des droits de l'homme fournit une liste des buts susceptibles d'être invoqués par les États défendeurs :
– la sécurité nationale (*CEDH, 4 mai 2000, Rotaru c/ Roumanie*) ;
– la sûreté publique (*CEDH, 23 juin 2008, Maslov c/ Autriche*) ;
– le bien-être économique du pays (*CEDH, 25 févr. 1993, Funke c/ France*) ;

- la défense de l'ordre et la prévention des infractions pénales (*CEDH, 18 déc. 2014, Brunet c/ France*) ;
- la protection de la santé ou de la morale (*CEDH, 22 oct. 1981, Dudgeon c/ Royaume-Uni*) ;
- la protection des droits et libertés d'autrui, enfin – protection singulièrement vaste et floue (*CEDH, 7 déc. 2006, Van der Velden c/ Pays-Bas*).

Si la Cour tient certes compte d'une certaine marge d'appréciation, l'État défendeur doit néanmoins démontrer que l'ingérence reposait sur un besoin social impérieux (*CEDH, 24 janv. 2017, Paradiso et Campanelli c/ Italie*).

Traditionnellement, la Cour considère que les activités purement privées laissent une faible marge d'appréciation (*CEDH, 31 juill. 2000, A.D.T. c/ Royaume-Uni*). Toutefois, la complexité des situations, conjuguée à la richesse des droits déduits par la Cour, trouble la lisibilité de la jurisprudence en la matière. Les variations sont nombreuses et l'amplitude élastique. Le caractère plus ou moins sensible des questions abordées, comme la protection de la morale, tend à accroître considérablement la marge consentie aux États.

■ *Le creuset des obligations positives*

C'est en 1979, dans le cadre du contentieux de l'article 8, § 1 de la Convention européenne des droits de l'homme, que les obligations positives sont nées sous la bannière d'une recherche d'effectivité accrue. La Cour proclame que si le droit au respect de la vie familiale signifie, certes, que l'État ne peut d'abord s'immiscer dans l'exercice de ce droit, il ne se contente cependant pas, pour autant, d'astreindre l'État à s'abstenir de pareilles ingérences. ***À cet engagement plutôt négatif peuvent s'ajouter des obligations positives inhérentes à un respect effectif*** de la vie familiale (*CEDH, 13 juin 1979, Marckx c/ Belgique*).

La croissance exponentielle de cette partie du contentieux doit beaucoup aux obligations positives. Parmi les plus emblématiques, on retiendra les obligations :

- d'assurer l'égalité entre enfants naturels et légitimes (*CEDH, 13 juin 1979, Marckx c/ Belgique*) ;
- de permettre une séparation de corps entre époux ne désirant plus vivre ensemble (*CEDH, 14 oct. 1979, Airey c/ Irlande*) ;
- d'aménager la détention afin de maintenir une vie familiale (*CEDH, 28 sept. 2000, Messina c/ Italie n° 2*) ;
- de permettre aux gens du voyage de suivre leur mode de vie (*CEDH, 18 janv. 2001, Chapman c/ Royaume-Uni*) ;
- de permettre aux individus d'accéder aux informations concernant leurs origines (*CEDH, 17 févr. 2003, Odièvre c/ France*) ;

– de reconnaître les transsexuels et de rectifier leur état civil à condition que leur conversion soit achevée (*CEDH, 25 mars 1992, B. c/ France*) et, le cas échéant, que leur mariage soit annulé ou transformé en pacte de solidarité (*CEDH, 16 juill. 2014, Hämäläinen c/ Finlande*).

C'est la même logique qui a servi à la Cour pour développer :

– le droit à un environnement sain (*CEDH, 9 déc. 1994, Lopez-Ostra c/ Espagne*) ;
– la protection des personnes handicapées (*CEDH, 24 févr. 1998, Botta c/ Italie*) ;
– le droit des étrangers :
  • lorsque des mesures d'éloignement sont susceptibles de violer leur droit à la vie familiale (*CEDH, 15 janv. 2007, Sisojeva et a. c/ Lettonie*),
  • ou afin de favoriser le regroupement familial (*CEDH, 21 déc. 2001, Sen c/ Pays-Bas*).

Les États doivent prendre les mesures nécessaires pour exécuter les décisions de justice organisant la garde des enfants suite à un divorce (*CEDH, 12 déc. 2006, Bajrami c/ Albanie*). Les obligations positives se sont aussi déployées sur le droit au respect du domicile (*CEDH, 16 nov. 2004, Moreno Gomez c/ Espagne*) et le droit au respect des correspondances, notamment celles des personnes détenues (*CEDH, 24 juin 2009, Gagiu c/ Roumanie*).

Enfin, le juge européen a combiné les obligations positives induites par les articles 3 et 8 de la Convention européenne des droits de l'homme afin de renforcer la protection de l'intégrité physique et morale de la personne en cas de mauvais traitements portant une atteinte grave à l'intimité de la personne, comme dans le cas des affaires de viols (*CEDH, 4 déc. 2003, M.C. c/ Bulgarie*) ou de violences domestiques (*CEDH, 15 sept. 2009, E.S. et a. c/ Slovaquie*).

2 Le droit au mariage (Conv. EDH, art. 12)

Laconique, l'article 12 de la Convention européenne des droits de l'homme reconnaît le ***droit à l'homme et la femme, à partir de l'âge nubile, de se marier et de fonder une famille*** selon les lois nationales régissant l'exercice de ce droit.

Si la Cour s'est quelque peu attardée sur les titulaires et les limitations de ce droit, notamment à propos des minorités sexuelles ou des handicapés mentaux (*CEDH, 16 juill. 2014, Hämäläinen c/ Finlande*), la jurisprudence n'est pas très développée. Tout au plus peut-on avoir deux certitudes :

– en premier lieu, la ***capacité et le consentement*** sont au cœur de son interprétation, même si, contrairement à l'article 16 de la Déclaration universelle des droits de l'homme ou à l'article 23-3 du Pacte international relatif aux droits civils et politiques, les notions n'apparaissent pas explicitement ;

– en second lieu, les États peuvent empêcher les mariages qui ne reposent pas sur une ***intention matrimoniale***, comme les mariages blancs ou de complaisance contractés dans le seul but d'obtenir un avantage au regard des lois sur l'immigration (*CEDH, 14 déc. 2010, O'Donoghue et a. c/ Royaume-Uni*).

La jurisprudence n'est pas particulièrement progressiste non plus. En effet, considérant que le mariage confère un statut particulier à ceux qui s'y engagent et emporte des conséquences sociales, personnelles et juridiques (*CEDH, Burden c/ Royaume-Uni*), la Cour estime que ni l'article 8 ni l'article 12 de la Convention européenne des droits de l'homme n'imposent aux États parties l'obligation d'ouvrir le ***mariage à un couple homosexuel*** (*CEDH, 15 mars 2012, Gas et Dubois c/ France*). Même une personne transgenre dont la modification de sexe a été actée par l'état civil peut être privée du droit de se marier, la Cour convoquant en la circonstance le sexe biologique et la conception traditionnelle de mariage (*CEDH, 17 oct. 1986, Rees c/ Royaume-Uni*).

Autre angle mort de l'article 12 de la Convention européenne des droits de l'homme, ***la Cour refuse obstinément d'identifier un droit conventionnel au divorce*** (*CEDH, 18 déc. 1986, Johnston et a. c/ Irlande*).

Le renvoi aux législateurs nationaux suppose d'emblée une marge nationale d'appréciation particulièrement large. De fait, le contrôle exercé par la Cour n'a pas la même densité que dans celui de l'article 8 de la Convention européenne des droits de l'homme. Elle n'applique pas les critères de « nécessité dans une société démocratique » ou de « besoin social impérieux », mais détermine simplement si, compte tenu de la marge d'appréciation conférée aux États, ***l'ingérence litigieuse est nécessaire et disproportionnée*** (*CEDH, 5 janv. 2010, Frasik c/ Pologne*). Quant à l'âge nubile, dans le même ordre d'idée, il s'agit de l'âge nubile légal.

Les droits de l'action sociale et politique

Chapitre 12

L'article 11, § 1 de la Convention européenne des droits de l'homme oblige les États à garantir deux libertés jugées fondamentales dans une société démocratique (CEDH, 20 févr. 2003, Djavit c/ Turquie) : « Toute personne a droit à la liberté de réunion pacifique et à la liberté d'association, y compris le droit de fonder avec d'autres des syndicats et de s'affilier à des syndicats pour la défense de ses intérêts. » Toutefois, la liberté de réunion pacifique est longtemps restée à la remorque de la liberté d'association.

1 La liberté de réunion pacifique et d'association (Conv. EDH, art. 11)

■ *La liberté de réunion pacifique*

Le qualificatif « pacifique » arrimé à la liberté de réunion en constitue la première et la plus importante limite. Le droit à la liberté de réunion ne bénéficie qu'à ceux qui l'exercent pacifiquement (*CEDH, 26 avr. 1991, Ezelin c/ France*). Cette formulation rassurante permet d'atténuer la menace que fait peser ce phénomène particulièrement sensible sur l'ordre et la sécurité publics.

Droit délaissé, la Cour en a confirmé la ***« valeur fondamentale » dans une société démocratique*** (*CEDH, 12 juill. 2005, Güneri c/ Turquie*). Il concerne indifféremment les ***réunions privées ou publiques***, sur la voie publique ou non, les marches, les processions, les manifestations et les *sit-in* (*Comm. EDH, 6 mars 1989, Membres du Comité de défense contre la Constitution d'associations communales de chasse agréées dans le département de l'Allier c/ France*). Les garanties de l'article 11 de la Convention européenne des droits de l'homme s'appliquent à toutes les formes de rassemblements, à l'exception – conformément à la lettre de cette disposition – de celles où les organisateurs ou les participants sont animés par des intentions violentes. Le bénéfice de l'article 11 de la Convention européenne des droits de l'homme n'est pas tributaire du caractère légal ou illégal de la réunion (*CEDH, 9 avr. 2002, Cissé c/ France*).

Il pèse sur l'État une obligation positive, réduite aux moyens, de prendre toutes les mesures nécessaires pour assurer la protection des manifestants, y compris dans des situations sous tension comme l'organisation de contre-manifestations (*CEDH, 21 juin 1988, Plattform « Ärzte für das Leben » c/ Autriche*).

Pour aller plus loin

À l'inverse du droit français qui distingue clairement la liberté de réunion de la ***liberté de manifestation***, l'article 11 de la Convention européenne des droits de l'homme ne connaît que la liberté de réunion pacifique. Il s'agit pourtant de deux phénomènes différents, bien que parents :

– la liberté de réunion concerne la formation de groupements momentanés de personnes afin d'entendre « l'exposé d'idées ou d'opinions en vue de se concerter pour la défense d'intérêts » (*CE, 6 août 2015, Delmotte*). L'article 6 de la loi du 30 juin 1881 interdit d'ailleurs expressément les réunions publiques ;

– la liberté de manifester concerne, quant à elle, le droit de défiler librement sur la voie publique afin d'exprimer collectivement des opinions (*Cass. crim., 9 févr. 2016, n° 14-82234*). La liberté de manifestation relève donc de la liberté de réunion pacifique énoncée à l'article 11 de la Convention européenne des droits de l'homme (*Comm. EDH, 10 oct. 1979, Rassemblement jurassien et unité jurassienne c/ Suisse*).

■ *La liberté d'association*

Face aux États qui entendaient réduire à sa portion congrue la liberté d'association grâce à une lecture restrictive de l'article 11 de la Convention européenne des droits de l'homme, la Cour a jugé que si ce dernier évoque « la liberté d'association, y compris le droit de fonder avec d'autres des syndicats », la conjonction « y compris » montre clairement qu'il ne s'agit là que d'un exemple parmi d'autres, ce qui a permis d'inclure une ***grande variété de formes d'associations*** :

– partis politiques (*CEDH, 30 janv. 1998, Parti communiste unifié et a. c/ Turquie*) ;

– associations cultuelles (*CEDH, 10 juin 2010, Témoins de Jéhovah de Moscou c/ Russie*) ;

– organisations caritatives (*CEDH, 1er févr. 2007, Ramazanova et a. c/ Azerbaïdjan*) ;
– associations de militaires (*CEDH, 2 oct. 2014, Adefdromil c/ France*)...

a) Le contenu de la liberté d'association

La liberté d'association ne se résume pas à la création de l'association, mais recouvre tous les aspects de la vie associative.

Sous l'angle des individus, cela suppose :

– leur ***liberté d'adhérer*** (*CEDH, 10 juill. 1998, Sidiropoulos et a. c/ Grèce*) ;
– leur ***liberté de quitter le syndicat*** (*CEDH, 9 juill. 2013, Sindicatul « Pastorul cel Bun » c/ Roumanie*) ;
– leur ***liberté de ne pas adhérer***, même (*CEDH, 11 janv. 2006, Sorensen et Rassmussen c/ Danemark*).

Cette liberté négative d'association ne s'applique pas aux ordres professionnels chargés d'une mission d'organisation de la profession (*CEDH, 23 juin 1983, Le Compte, Van Leuven et De Meyere c/ Belgique*).

Sous l'angle de l'association elle-même, cette dernière doit pouvoir ***librement choisir la forme juridique la plus conforme à son objet social*** (*CEDH, 21 juin 2007, Zetchev c/ Bulgarie*) ainsi que ses membres (*CEDH, 27 févr. 2007, Associated Society of Locomotive Engineers & Firemen c/ Royaume-Uni*).

b) La liberté syndicale

La Cour a précisé les contours de la liberté d'association en matière syndicale :

– droit de fonder un syndicat ou de s'y affilier, expressément mentionné par l'article 11, § 1 de la Convention européenne des droits de l'homme ;
– droit de défendre les intérêts des adhérents par l'action collective (*CEDH, 27 oct. 1975, Syndicat national de la police belge c/ Belgique*) ;
– droit pour le syndicat d'établir ses règlements et de choisir ses membres.

La mention des syndicats à l'article 11 de la Convention européenne des droits de l'homme a permis au juge européen de surmonter en partie l'inadaptation de la Convention à la protection des droits de l'action sociale. Elle reconnaît ainsi le ***droit des syndicats de mener des négociations collectives*** (*CEDH, 12 nov. 2008, Demir et Baykara c/ Turquie*) et, tout en laissant le choix aux États des moyens susceptibles de permettre l'action collective, considère que le plus important d'entre eux reste le ***droit de grève*** (*CEDH, 6 févr. 1976, Schmidt et Dahlström c/ Suède*).

En revanche, le bouclier conventionnel n'a pas été étendu :
- au blocage et autres « opérations escargots » (*CEDH, 5 mars 2009, Barraco c/ France*) ;
- à une obligation de consultation syndicale (*CEDH, 27 oct. 1975, Syndicat national de la police belge c/ Belgique*) ;
- au droit à la rétroactivité d'avantages découlant des conventions collectives (*CEDH, 17 juill. 2007, Dilek et a. c/ Turquie*).

c) La liberté des partis politiques

L'applicabilité tardive de l'article 11, § 1 de la Convention européenne des droits de l'homme aux partis politiques (*CEDH, 30 janv. 1998, Parti communiste unifié et a. c/ Turquie*) a rapidement été compensée par une jurisprudence aussi dynamique qu'abondante. La Cour souligne le ***rôle primordial des partis politiques dans un régime démocratique***, même s'ils font campagne en faveur d'un changement des structures légales ou constitutionnelles de l'État. Il suffit que le changement proposé soit compatible avec les principes démocratiques fondamentaux (*CEDH, 13 févr. 2003, Refah partisi et a. c/ Turquie*) et que les moyens proposés pour y parvenir soient à tous points de vue légaux et démocratiques (*CEDH, 9 avr. 2002, Yazar, Karataş, Aksoy et le Parti du travail du peuple c/ Turquie*). À l'instar de celle en vigueur en matière de discours politique, la marge d'appréciation est spécialement réduite.

Peu d'éléments relatifs aux partis politiques sont susceptibles d'être soustraits au regard de la Cour :
- contentieux relatif aux refus d'enregistrement et à leur dissolution (*CEDH, 8 déc. 1999, Parti de la liberté et de la démocratie [ÖZDEP] c/ Turquie*) ;
- propagande politique, notamment en période électorale (*CEDH, 2 oct. 2001, Stankov et Organisation macédonienne unie Ilinden c/ Bulgarie*) ou préélectorale (*CEDH, 11 avr. 2006, Brasilier c/ France*) ;
- accès à la représentation (*CEDH, 8 juill. 2008, Yumak et Sadak c/ Turquie*) ;
- financement public (*CEDH, 22 oct. 2012, Özgürlük ve Dayanişma Partisi [ÖDP] c/ Turquie*) ou privé (*CEDH, 7 juin 2007, Parti national basque c/ France*).

■ *Le contrôle des ingérences*

Comme les articles 8 à 10, l'article 11 de la Convention européenne des droits de l'homme est doté d'une ***clause dite « d'ordre public »*** qui autorise des dérogations, à condition que celles-ci :
- soient prévues par la loi ;
- poursuivent un but légitime ;
- soient nécessaires dans une société démocratique.

À quelques exceptions, on y retrouve des motifs analogues :
- sécurité nationale ;
- sûreté publique ;
- défense de l'ordre et prévention du crime ;
- protection de la santé ou de la morale ;
- protection des droits et libertés d'autrui.

Toutefois, contrairement aux contentieux relatifs aux articles précédents, l'intrication entre ces buts est plus importante (*CEDH, 30 juin 2009, Herri Batasuna et Batasuna c/ Espagne*).

L'article 11, § 2 de la Convention européenne des droits de l'homme autorise également les États à imposer des restrictions à l'exercice des libertés de réunion pacifique et d'association aux ***membres des forces armées, de la police ou de l'administration*** de l'État. L'appréciation de la nécessité est stricte. Restriction n'est pas synonyme d'interdiction absolue. C'est ce que la France a appris pour ses gendarmes et ses militaires à propos de la liberté syndicale (*CEDH, 2 oct. 2014, Matelly c/ France*). En matière politique, le devoir de neutralité des agents de l'État ne les prive pas d'adhérer à un parti politique (*CEDH, 2 sept. 1998, Ahmed c/ Royaume-Uni*) et d'y exercer des fonctions administratives ou représentatives (*CEDH, 20 mai 1999, Rékvenyi c/ Hongrie*).

La densité du contrôle varie sensiblement selon les associations visées. Bien que tardivement concernés par l'applicabilité de l'article 11, § 1 de la Convention européenne des droits de l'homme, les partis politiques sont aujourd'hui ceux qui en tirent le plus de bénéfices. La Cour considère que les exceptions visées à l'article 11, § 2 de la Convention européenne des droits de l'homme appellent à leur sujet une ***interprétation des plus strictes*** : « seules des raisons convaincantes et impératives pouvant justifier des restrictions à la liberté d'association. Pour juger en pareil cas de l'existence d'une nécessité au sens de l'article 11, § 2, les États contractants ne disposent que d'une marge d'appréciation réduite » doublée « d'un contrôle européen rigoureux portant à la fois sur la loi et sur les décisions qui l'appliquent, y compris celles d'une juridiction indépendante » (*CEDH, 30 janv. 1998, PCU c/ Turquie*). Des mesures aussi sévères que la dissolution du parti politique ou l'interdiction pour ses responsables d'exercer une activité politique doivent être réservées aux cas les plus graves (*CEDH, 8 déc. 1999, Parti de la liberté et de la démocratie [ÖZDEP] c/ Turquie*). Pourtant, malgré ce crédo itératif, la Cour atténue parfois son standard au nom de la contextualisation historique (*CEDH, 13 févr. 2003, Refah Partisi c/ Turquie*).

2 Le droit à des élections libres (Conv. EDH, art. 3P1)

L'article 3P1 oblige les Hautes Parties contractantes à « organiser, à des intervalles raisonnables, des élections libres au scrutin secret, dans les conditions qui assurent la libre expression de l'opinion du peuple sur le choix du corps législatif ».

La Cour souligne l'importance cruciale de cette disposition. Le maintien des libertés fondamentales garanties par la Convention reposant, selon le préambule de cette dernière, sur un ***régime véritablement démocratique***, l'article 3P1 qui consacre un principe caractéristique de pareil régime revêt « une importance capitale ». Par conséquent, les droits qu'il garantit lui-même sont « cruciaux pour l'établissement et le maintien des fondements d'une véritable démocratie régie par l'État de droit » (*CEDH, 6 oct. 2005, Hirst c/ Royaume-Uni*). Il est la pierre angulaire d'un véritable ***ordre politique européen***.

■ *L'existence d'un droit subjectif limité*

De cette « clause politique européenne » rédigée de manière institutionnelle et minimaliste, la Cour va tirer un ***droit subjectif de participation*** (*CEDH, 2 mars 1987, Mathieu-Mohin et Clerfayt c/ Belgique*) dont elle distingue l'aspect passif, le ***droit de candidater*** à une élection, de l'aspect actif, le ***droit de voter*** (*CEDH, 19 oct. 2004, Melnitchenko c/ Ukraine*). L'article 3P1 permet également une ***protection des mandats électoraux*** (*CEDH, 15 juin 2006, Lykourezos c/ Grèce*). Les élections doivent être libres – ce qui renvoie à l'impératif de « scrutin secret » –, périodiques et honnêtes (*CEDH, 1er juill. 1997, Gitonas c/ Grèce*).

La couverture proposée par la clause politique européenne reste néanmoins minimaliste. L'article 3P1 ne concerne que les élections du corps législatif, réduit à une seule chambre en cas de bicamérisme inégalitaire (*CEDH, 22 déc. 2009, Sejdic et Finci c/ Bosnie-Herzégovine*). Ne sont donc pas concernés les scrutins présidentiels (*CEDH, 6 janv. 2011, Paksas c/ Lituanie*) et référendaires (*CEDH, 14 sept. 1998, Castelli et a. c/ Italie*). Quant aux élections locales, elles sont *a priori* exclues, sauf si les assemblées décentralisées en cause disposent d'attributions normatives suffisamment importantes pour permettre une qualification de corps législatif (*CEDH, 7 juin 2001, Federacion nacionalista Canaria c/ Espagne*).

La notion de corps législatif s'entend de toute institution susceptible d'adopter des actes ayant force de loi dans les matières qui lui sont expressément attribuées, c'est-à-dire dotée d'un « pouvoir de décision primaire » ne dérivant pas de la loi et capable d'adopter des normes obligatoires (*Comm. EDH, 12 juill. 1983, Moureaux et a. c/ Belgique*). La Cour se focalise sur les trois des fonctions constitutionnelles classiques du pouvoir législatif :

- la représentation électorale ;
- la participation à l'adoption de textes législatifs ;
- le pouvoir de contrôle sur les organes d'exécution.

L'application la plus spectaculaire – et toujours la plus audacieuse à ce jour – est celle de l'arrêt *Matthews c/ Royaume-Uni* du 18 février 1999. Sensible au pouvoir de censure du Parlement européen à l'égard de la Commission européenne, son rôle déterminant dans le processus législatif de l'Union et l'élection de ses membres au suffrage universel direct depuis le traité de Maastricht du 7 février 1992, la Cour considère que le Parlement de l'Union doit être regardé à la fois comme la partie de la structure de l'organisation qui reflète le mieux le souci d'assurer au sein de celle-ci un régime politique véritablement démocratique et, considérant l'emprise du droit de l'Union sur les États membres, comme une « partie du corps législatif de Gibraltar ».

Enfin, le droit à des élections libres est doublement limité dans son contrôle :

- premièrement, en l'absence d'indications dans la lettre de l'article 3P1, la Cour considère qu'il y a de la place pour des ***limitations implicites*** (*CEDH, 2 mars 1987, Mathieu-Mohin et Clerfayt c/ Belgique*), limitations plus larges pour le droit de candidater que pour le droit de voter (*CEDH, 19 oct. 2004, Melnitchenko c/ Ukraine*) ;
- deuxièmement, la marge d'appréciation consentie aux États est particulièrement ample (*CEDH, 6 mars 2006, Zdanoka c/ Lettonie*). L'atteinte à la substance et l'interdiction générale, automatique et indifférenciée sont, *a priori*, les seules lignes à ne pas franchir (*CEDH, 22 mai 2012, Scoppola c/ Italie n° 3*).

Pour aller plus loin

Le ***droit de vote des détenus*** fut à l'origine d'une crise majeure entre Strasbourg et Londres pendant plus de 10 ans. Ce conflit trouve son origine dans l'arrêt *Hirst c/ Royaume-Uni n° 2* du 6 octobre 2005, dans lequel la Cour retient la violation de l'article 3P1 du fait de l'interdiction générale, automatique et indifférenciée du droit de vote faite aux détenus. La Cour confirma ensuite sa position dans un arrêt en insistant sur l'absence de décision prise par un juge (*CEDH, 8 avr. 2010, Frodl c/ Autriche*), puis, devant l'inertie du gouvernement britannique, condamna à nouveau le Royaume-Uni dans un arrêt pilote (*CEDH, 23 nov. 2010, Greens et M.T. c/ Royaume-Uni*). À l'issue du délai de 6 mois octroyé pour exécuter l'arrêt et d'une nouvelle condamnation (*CEDH, 11 août 2014, Firth c/ Royaume-Uni*), la crise était à son paroxysme, la Chambre des communes ayant même adopté en février 2011 une motion favorable au maintien de l'interdiction systématique du vote des détenus. Le Comité des ministres du Conseil de l'Europe a finalement approuvé, le 7 décembre 2017, l'approche proposée par le gouvernement britannique, laquelle permet aux détenus placés en liberté conditionnelle et à ceux qui bénéficient d'une liberté conditionnelle de participer aux scrutins. Le Comité des ministres considère que, compte tenu de la marge d'appréciation laissée aux États, ces mesures répondent aux arrêts prononcés par la CEDH en 2005 ; cette solution met fin au différend. En France, le système du vote par procuration ne manquera pas d'interroger sur son effectivité.

La synergie du droit à des élections libres avec les droits de nature politique

Il existe une puissante synergie entre les droits strictement politiques qui organisent la ***dévolution du pouvoir politique en démocratie*** et les droits de nature politique, c'est-à-dire ceux qui permettent l'***animation de la vie démocratique***. La liberté d'expression de l'article 10 de la Convention européenne des droits de l'homme relatif à la liberté d'expression doit d'ailleurs être appréhendée comme *lex generalis* par rapport au droit à des élections libres de l'article 3P1, et la liberté d'association de l'article 11, comme *lex specialis*.

La Cour estime que le droit à des élections libres et la liberté d'expression, notamment la liberté du débat politique, constituent l'assise de tout régime démocratique. Les deux droits « sont interdépendants et se renforcent l'un l'autre » (*CEDH, 19 févr. 1998, Bowman c/ Royaume-Uni*). De jurisprudence constante, la Cour souligne que la clause politique européenne s'apparente à d'autres dispositions de la Convention protégeant divers droits civiques et politiques, tels que, par exemple :

- l'article 10 de la Convention européenne des droits de l'homme, qui garantit le droit à la liberté d'expression ;
- l'article 11 de la même Convention, qui consacre le droit à la liberté d'association, y compris le droit de chacun à la liberté d'association politique avec d'autres personnes au sein d'un parti : « Il existe indéniablement un lien entre toutes ces dispositions, à savoir la nécessité de garantir le respect du pluralisme d'opinions dans une société démocratique par l'exercice des libertés civiques et politiques » (*CEDH, 6 mars 2006, Zdanoka c/ Lettonie*).

Les partis politiques sont précisément placés au centre de cette lecture triangulaire de l'article 3P1 avec les articles 10 et 11 de la Convention européenne des droits de l'homme (*CEDH,*

30 janv. 1998, Parti communiste unifié de Turquie et a. c/ Turquie). Ils « représentent les électeurs, signalent leurs préoccupations et défendent leurs intérêts » (*CEDH, 9 juin 1998, Incal c/ Turquie*). Ils participent en outre à l'établissement et au ***maintien du pluralisme***, condition d'existence sine qua non de la démocratie (*CEDH, 13 févr. 2003, Refah partisi et a. c/ Turquie*). La Cour s'intéresse donc :

– à leur capacité de manifester (*CEDH, 2 oct. 2001, Stankov et Organisation macédonienne unie Ilinden c/ Bulgarie*) ;
– à leur accès aux médias, particulièrement en période électorale (*CEDH, 11 déc. 2008, Tv Vest As & Rogaland Pensjonistparti c/ Norvège*) ;
– à la protection de leurs locaux (*CEDH, 20 oct. 2005, Ouranio Toxo c/ Grèce*) ;
– à leur financement (*CEDH, 7 juin 2007, Parti nationaliste basque et a. c/ France*) ;
– au financement des campagnes électorales (*CEDH, 10 mai 2012, Özgürlük ve Dayanişma Partisi c/ Turquie*).

Les droits de l'étranger

Chapitre 13

La question des migrations et des droits des étrangers est brûlante d'actualité. Bien évidemment, les étrangers relevant des juridictions des États membres jouissent des droits reconnus par la Convention, même si l'article 16 de la Convention européenne des droits de l'homme en limite en principe la plénitude.

L'activation de l'effet dit « extraterritorial » de la Convention lorsque leur intégrité physique ou mentale, voire leur vie, est menacée dans le pays de destination (*CEDH, 7 juill. 1989, Soering c/ Royaume-Uni*) a permis une protection minimale des étrangers menacés par une mesure d'éloignement. Elle a été étendue afin d'appréhender l'impact de ces mêmes mesures sur la vie privée et familiale des personnes susceptibles d'être expulsées (*CEDH, 30 nov. 1999, Baghli c/ France*), particulièrement lorsqu'il s'agit de mineurs (*CEDH, 1er févr. 2018, V.C. c/ Italie*). La Cour estime par ailleurs que les demandeurs d'asile sont dans une situation de vulnérabilité inhérente à leur statut et requièrent subséquemment une protection spéciale (*CEDH, M.S.S. c/ Grèce et Belgique*).

En sus de cette protection, faussement appelée « par ricochet », plusieurs dispositions pertinentes ont été également introduites respectivement en 1963 et 1984 par les protocoles nos 4 et 7. Peu exploitées dans un premier temps, la multiplication récente des crises migratoires et la détresse des personnes jetées sur les routes, les mers ou les océans ont permis à la Cour de préciser sa jurisprudence.

Selon un principe classique du droit international coutumier, les États ont toute latitude pour contrôler l'admission et l'établissement des étrangers sur leur territoire. L'absence de toute obligation d'admettre des étrangers en droit international classique procède du principe de la ***souveraineté*** de la ***suprématie territoriale des États***.

Pour aller plus loin

Contrairement à une idée reçue, la jurisprudence européenne n'est pas spécialement favorable aux étrangers en situation irrégulière. La Cour a par exemple validé sans difficulté les enfermements aux fins d'identification et d'enregistrement aux frontières extérieures – les tristement fameux « *hot spots* » grecs (*CEDH, 25 janv. 2018, J.R. et a. c/ Grèce*). Le seuil d'application de l'article 3 de la Convention européenne des droits de l'homme relatif aux traitements inhumains et dégradants semble également plus difficile à franchir lorsqu'il s'agit de connaître de la précarité des conditions d'accueil (*CEDH, 24 mai 2018, N.T.P. c/ France*). À tout le moins, ***la jurisprudence est à géométrie variable***. Enfin, le droit d'acquérir une nationalité n'est pas garanti par la Convention. Seul un refus manifestement arbitraire peu, dans certaines conditions, être discuté sous l'angle de l'article 8 de la Convention européenne des droits de l'homme (*CEDH, 11 oct. 2011, Genovese c/ Malte*).

1 L'interdiction des expulsions collectives d'étrangers (Conv. EDH, art. 4P4)

L'article 4P4 prohibe les expulsions collectives, c'est-à-dire ***toute mesure contraignant des étrangers, en tant que groupe, à quitter leur pays***, sauf dans les cas où la mesure est prise à l'issue d'un examen individuel et sur la base d'un examen raisonnable et objectif de la situation (*CEDH, 20 sept. 2007, Sultani c/ France*). La Cour condamne toute politique de refoulement indifférenciée ou automatique (*CEDH, 3 oct. 2017, N.D. et N.T. c/ Espagne*). Nonobstant, cette partie du contentieux autorise, en creux, l'abattage. En effet, le rejet en termes identiques de plusieurs demandes d'asile présentées par un certain nombre d'étrangers originaires du même pays ne constitue pas nécessairement une expulsion collective si les demandes ont été traitées individuellement (*CEDH, 16 déc. 1988, Alibaks et a. c/ Pays-Bas*).

L'interdiction formulée à l'article 4P4 s'applique indépendamment de la régularité ou de l'irrégularité du séjour des personnes visées par la mesure d'éloignement (*CEDH, 3 juill. 2014, Géorgie c/ Russie*). Il importe peu que l'éloignement ait été exécuté en dehors du territoire national. L'expulsion peut résulter de l'exercice de la juridiction extraterritoriale, notamment dans les eaux internationales (*CEDH, 23 févr. 2012, Hirsi Jamaa et a. c/ Italie : en l'espèce, les autorités italiennes, déjà très pointues sur le sujet, pensaient échapper à leur responsabilité conventionnelle en interceptant les réfugiés en haute mer afin de les refouler immédiatement*).

Parmi les éléments permettant de conclure à la nature collective de l'expulsion, la Cour retient l'existence d'instructions administratives, la convocation simultanée, le libellé d'ordres d'arrestation et de quitter le territoire... (*CEDH, 5 févr. 2002, Čonka c/ Belgique*).

Pour aller plus loin

La Cour a été confrontée plusieurs fois au ***système « Dublin »*** qui ventile la responsabilité de l'examen des demandes d'asile et la prise en charge des demandeurs entre les États membres de l'Union européenne. L'objectif de ce mécanisme est de rationaliser les demandes d'asile en évitant que les demandeurs soient renvoyés d'un pays à l'autre ou présentent plusieurs demandes d'asile. L'État membre désigné comme responsable de la demande d'asile doit prendre en charge le demandeur et traiter la demande. Si un État membre auprès duquel une demande d'asile a été introduite considère qu'un autre État membre est responsable, il peut solliciter de cet État membre la prise en charge de la demande et du demandeur. Si ce dernier accepte, la demande initiale est frappée d'irrecevabilité et le demandeur est transféré. Ce système repose par ailleurs sur une double présomption :

– le respect par tous les États membres du principe de non-refoulement des demandeurs d'asile vers un État dans lequel ils risquent d'être persécutés ;

– leur qualité de « pays sûrs ».

Sans se prononcer sur la conventionnalité même du système Dublin grâce à l'existence d'une « clause de souveraineté » permettant aux États membres de maintenir leur compétence, la Cour a pointé les défaillances de ces transferts à l'aveugle et retenu la violation de l'article 4P4 (*CEDH, 21 oct. 2014, Sharifi et a. c/ Italie et Grèce*).

2 Les garanties procédurales en cas d'expulsion (Conv. EDH, art. 1P7)

L'article 1P7 octroie quelques garanties procédurales aux étrangers menacés d'expulsion... ***encore faut-il qu'ils soient en situation régulière*** ! Dès lors, les étrangers se trouvant à la frontière ou sur le territoire sans avoir passé l'immigration ne peuvent pas se prévaloir de leur bénéfice (*CEDH, 13 janv. 1993, Voulfovitch et Oulianova c/ Suède : à propos de personnes admises avec un visa d'escale pour une journée*).

Le premier paragraphe autorise les étrangers à faire valoir les raisons qui militent contre leur expulsion, à faire examiner leur cas et, le cas échéant, à se faire représenter à ces fins devant l'autorité compétente ou une ou plusieurs personnes désignées par cette autorité... sauf lorsque – selon le second paragraphe – cette expulsion est nécessaire pour des ***raisons d'ordre public ou de sécurité nationale***. La Cour considère heureusement que, même dans cette hypothèse, la personne doit jouir de garanties minimales (minimalistes ?) contre l'arbitraire (*CEDH, 15 févr. 2011, Geleri c/ Roumanie*). Par ailleurs, l'expulsion ne peut intervenir qu'en exécution d'une décision prise conformément à la loi, c'est-à-dire dans le respect de la légalité et avec toutes les qualités exigées par la Convention – accessibilité et prévisibilité de la loi (*CEDH, 8 juin 2006, Lupsa c/ Roumanie*).

Outre ces deux défauts considérables, l'article 1P7 présente d'autres angles morts :

– premièrement, il n'est jamais question des raisons motivant l'expulsion ;

– deuxièmement, la notion « d'autorité compétente » n'est elle-même associée à aucune garantie particulière.

Égalité et non-discrimination

Chapitre 14

Le principe de non-discrimination a successivement été érigé en valeur fondamentale de la société démocratique (CEDH, 13 févr. 2003, Refah partisi c/ Turquie), puis en principe fondamental sous-tendant l'ensemble de la Convention (*CEDH, 21 juill. 2005, Strain et a. c/ Roumanie*). Toutefois, le principe de non-discrimination n'est pas absolu. Il y a de la place pour des distinctions et des restrictions.

1 L'interdiction de la discrimination (Conv. EDH, art. 14 et art. 1P12)

■ *Les sources conventionnelles de l'interdiction*

L'interdiction de la discrimination repose sur deux textes :

- l'article 14 de la Convention européenne des droits de l'homme prohibe la discrimination dans la jouissance des autres droits reconnus par la Convention ;
- l'article 1P12, beaucoup plus large, interdit la discrimination dans la jouissance de tout droit reconnu par la loi. Ce texte n'a été signé et ratifié que par une poignée d'États.

On retrouve les mêmes motifs d'interdiction de la discrimination dans les deux articles : sexe, race, couleur, langue, religion, opinions politiques ou toutes autres opinions, origine nationale ou sociale, appartenance à une minorité nationale, fortune, naissance ou toute autre situation...

La Cour a précisé dans son arrêt *Sedjic et Finci c/ Bosnie-Herzégovine* du 22 décembre 2009 que la notion de discrimination doit être interprétée de manière identique dans le cadre des deux contentieux.

Pour aller plus loin

Avant son utilisation dans l'arrêt *Konstantin Markin c/ Russie* du 22 mars 2012, la notion de genre (ou *gender*) était déjà présente dans la version anglophone de nombreux arrêts relatifs à des discriminations :

– *gender identity* (*CEDH, 11 juill. 2002, Christine Goodwin c/ Royaume-Uni*) ;
– *gender reassignment* (*CEDH, 23 mai 2006, Grant c/ Royaume-Uni*) ;
– *gender-based violence* (*CEDH, 9 juin 2009, Opuz c/ Turquie*) ;
– *gender roles ascribed* (*CEDH, 20 juill. 2010, N. c/ Suède*).

Elle ne figure pourtant pas dans la nomenclature fournie par les articles 14 et 1P12 de la Convention européenne des droits de l'homme. Inscrit dans la Convention d'Istanbul du 12 avril 2011, le genre, c'est-à-dire l'ensemble des rôles, comportements, activités et attributions socialement construits qu'une société donnée considère comme appropriés pour les femmes et les hommes, présente une véritable utilité contentieuse en permettant le glissement d'une acception essentiellement biologique du sexe à une acception davantage sociale, politique et culturelle. La notion semble néanmoins en recul dans la jurisprudence la plus récente (*CEDH, 24 janv. 2017, Khamtokhu et Aksenchik c/ Russie*).

■ *Le contrôle des discriminations*

Le contrôle de la Cour en matière de discriminations repose sur une équation à deux inconnues assez simple (*CEDH, 28 mai 1985, Abdulaziz, Cabales et Balkandali c/ Royaume-Uni*) :

– Les situations sont-elles comparables ?
– Dans l'affirmative, la distinction repose-t-elle sur une justification objective et raisonnable (c'est-à-dire poursuivre un but légitime et employer des moyens qui soient raisonnablement proportionnés aux objectifs) ?

Dans un premier temps, la Cour recherche donc si les situations sont comparables, l'analogie entraînant mécaniquement le constat d'absence de discrimination (*CEDH, 13 juin 1979, Marckx c/ Belgique*).

Dans un second temps, on retrouve :
- les éléments classiques du contrôle opéré par le juge européen :
  - la légalité,
  - les buts légitimes par lesquels figure la protection de la sécurité nationale et de l'ordre public (*CEDH, 23 juin 1993, Hoffmann c/ Autriche*),
  - la protection de la santé (*CEDH, 27 juill. 2004, Sidabras et Dziautas c/ Lituanie*) ;
- mais aussi, de manière plus étonnante, la préservation :
  - de l'unité linguistique du pays (*CEDH, 23 juill. 1968, Affaire linguistique belge*),
  - de la famille dite « traditionnelle » (*CEDH, 1er févr. 2000, Mazurek c/ France*).

Quant au contrôle de la nécessité dans une société démocratique, il est restreint puisque la Cour n'exige qu'un ***« rapport raisonnable » de proportionnalité*** entre les moyens employés et l'objectif (*CEDH, 26 févr. 2002, Fretté c/ France*).

Hormis certaines distinctions particulièrement odieuses, à l'instar de celles fondées sur la race ou l'origine ethnique, qui anéantissent la marge d'appréciation consentie aux États (*CEDH, 13 déc. 2005, Timishev c/ Russie : refus de résidence et d'inscription de ses enfants à l'école opposés au requérant en raison de son origine tchétchène*), cette dernière reste ample.

Les discriminations à raison du sexe ou du genre rétrécissent elles aussi considérablement la marge d'appréciation (*CEDH, 22 mars 2012, Konstantin Markin c/ Russie*). Matérialisant au niveau contentieux une priorisation engagée par le Conseil de l'Europe depuis une trentaine d'années, ***la Cour érige la discrimination fondée sur le sexe en élément constitutif de l'ordre public européen*** et considère que seules des considérations très fortes peuvent amener à estimer compatibles avec la Convention les différences de traitement. Les références aux traditions, les présupposés d'ordre général ou les attitudes sociales majoritaires ayant cours dans un pays donné ne suffisent plus à les justifier.

■ *Le régime de la preuve*

La preuve de la discrimination étant l'une des plus difficiles à rapporter, la Cour a assoupli son régime et son administration afin de ne pas vouer toutes les requêtes à l'échec :
- premièrement, la Cour a mis en place une véritable ***présomption de discrimination***. Certes, il appartient encore au requérant d'apporter *ab initio* les éléments de preuve d'un traitement discriminatoire, mais il suffit désormais de réunir un « faisceau d'indices ou de présomptions non réfutées, suffisamment graves, précis et concordants » (*CEDH, 6 juill. 2005, Natchova et a. c/ Bulgarie*) ;

– deuxièmement, la Cour accepte que le moyen soit fondé sur des statistiques si ces dernières sont « fiables et significatives » (*CEDH, 9 juin 2009, Opuz c/ Turquie*) ;

– troisièmement, la Cour permet de soulever l'existence de discriminations indirectes, c'est-à-dire d'une différenciation en apparence neutre, mais qui entraîne des effets préjudiciables disproportionnés sur un groupe de personnes même si elles ne le visent pas spécifiquement (*CEDH, 13 nov. 2007, D.H. c/ République tchèque*). Dans cette hypothèse, la charge de la preuve devient partagée.

L'extension du champ d'application de l'article 14 de la Convention européenne des droits de l'homme

La Cour a utilisé plusieurs méthodes pour étendre le champ d'application du contentieux antidiscriminatoire :

– premièrement, alors que la lettre de la Convention suppose *a priori* que le grief tiré de l'article 14 de la Convention européenne des droits de l'homme ne peut être que complémentaire, ***la Cour a autonomisé son invocabilité***. Elle a assoupli le caractère combinatoire de l'interdiction de la discrimination en n'exigeant plus le constat préalable de la violation d'un droit substantiel reconnu par la Convention pris en combinaison avec l'article 14. Désormais, seul compte l'existence d'un « simple rapport » avec l'un des droits protégés par la Convention (*CEDH, 28 mai 1985, Abdulaziz, Cabales et Balkandali c/ Royaume-Uni*). Par ailleurs, l'article 14 de la Convention européenne des droits de l'homme ne se combine pas uniquement avec les droits explicitement protégés par la Convention, mais peut être associé aux droits additionnels rattachables à ces derniers et dégagés par la Cour (*CEDH, 6 juill. 2005, Stec c/ Royaume-Uni*) ;

– deuxièmement, la Cour a ***priorisé le grief tiré de la discrimination*** en le rendant décisif (*CEDH, 16 nov. 2004, Ünal Tekeli c/ Turquie : refus des autorités d'autoriser une avocate à ne porter que son nom de jeune fille dans le cadre de son activité professionnelle*). Elle considère même inutile d'examiner séparément le grief tiré de la violation du droit pris en combinaison ;

– troisièmement, le juge européen a déduit de l'article 14 de la Convention européenne des droits de l'homme une série d'***obligations positives procédurales*** qui peuvent donner lieu à un constat de violation indépendamment de l'aspect matériel de la disposition (*CEDH, 13 déc. 2005, Bekos et Koutropoulos c/ Grèce*). Il dote dans la foulée la disposition d'un effet horizontal qui lui permet de connaître de la conventionnalité d'actes purement privés (*CEDH, 13 juill. 2004, Pla et Puncernau c/ Andorre*).

La discrimination positive

De jurisprudence constante, ***la Cour admet la conventionnalité des mesures d'inégalités compensatoires***. L'article 14 « n'interdit pas à un État membre de traiter les groupes de manière différenciée pour corriger des inégalités factuelles » (*CEDH, 10 mai 2007, Runkee et White c/ Royaume-Uni*). De son côté, le préambule du protocole n° 12 prévoit expressément la possibilité d'adopter des mesures « afin de promouvoir une égalité pleine et effective », à condition toutefois que celles-ci répondent « à une justification objective et raisonnable ».

De prime abord, il n'existe en revanche aucune obligation conventionnelle de mettre en œuvre des discriminations positives afin de promouvoir le passage à une égalité réelle (*CEDH, 18 janv. 2001, Chapman c/ Royaume-Uni*). Toutefois, cette jurisprudence semble montrer quelques signes d'infléchissement en matière de droit à l'instruction (*CEDH, 11 déc. 2012, Sampani et a. c/ Grèce*). La Cour invite les États à organiser une scolarité différenciée « permettant la prise en compte suffisante des besoins particuliers des enfants roms en tant que membres d'un groupe défavorisé ».

2 L'égalité entre époux (Conv. EDH, art. 5P7)

L'article 5P7 impose l'***égalité de droits et de responsabilités de caractère civil entre les époux*** ainsi que l'égalité dans leurs relations avec leurs enfants au regard du mariage, durant le mariage et lors de sa dissolution. Faute d'affaires, la jurisprudence en la matière est embryonnaire. À ce jour, aucun arrêt n'a conclu à sa violation.

Pour aller plus loin

La Cour de cassation assigne le principe d'égalité entre époux énoncé à l'article 5P7 à l'***ordre public international français***, afin d'écarter d'office toute loi étrangère applicable en vertu de la règle de conflit du for (*Cass. 1re civ., 11 mars 1997, Mme X. c/ Y. ; Cass. 1re civ., 24 févr. 1998, Mmes V. c/ G. ; Cass. 1re civ., 16 mars 1999, Pordéa ; Cass. 1re civ., 17 févr. 2004 ; Cass. soc., 10 mai 2006, Époux Moukarim c/ Isopehi*).

BIBLIOGRAPHIE

Ouvrages de référence

– Andriantsimbazovina J., *Code des droits de l'homme et des libertés fondamentales*, 2017, LexisNexis.

– Andriantsimbazovina J., Gonzales G., Gouttenoire A., Marchadier F., Marguénaud J.-P., Milano L., Surrel H., Sudre F., *Les grands arrêts de la Cour européenne des droits de l'homme*, 8e éd., 2017, PUF.

– Berger V., *Jurisprudence de la Cour européenne des droits de l'homme*, 13e éd., 2014, Sirey.

– Bigler L., Gonin O., *Commentaire de la Convention européenne des Droits de l'homme*, 2018, Litec.

– Bioy X., Burgorgue-Larsen L., Deumier P., Dreyer E., Dupré de Boulois X., Martinon A., Tinière R., *Les grands arrêts du droit des libertés fondamentales*, 2017, Dalloz.

– Burgorgue-Larsen L., *La Convention européenne des droits de l'homme*, 2e éd., 2015, LGDJ.

– De Salvia M., *Compendium de la Cour européenne des droits de l'homme : les principes directeurs de la jurisprudence relative à la Convention européenne des droits de l'homme*, 2003, N.P. Engel Verlag, Kehl, Allemagne, vol. 1.

– Dollat P., *Droit européen et droit de l'UE*, 3e éd., 2010, Dalloz.

– Gauthier C., Platon S., Szymczak D., *Droit européen des droits de l'homme*, 2017, Sirey.

– Lécuyer Y., *Mémento de jurisprudence européenne des droits de l'homme*, 2e éd., 2018, Hachette.

- Marguénaud J.-P., *La Cour européenne des droits de l'homme*, 7e éd., 2016, Dalloz.
- Milano L., Sudre F., Surrel H., *Droit européen et international des droits de l'homme*, 14e éd., 2019, PUF.
- Renucci J.-F., *Droit européen des droits de l'homme*, 7e éd., 2017, LGDJ.
- Sauron J.-L., *Procédures européennes*, 5e éd., 2018, Gualino.
- Wildemeersch J., Wathelet M., *Contentieux européens*, 2010, Bruxelles, Larcier.

Sites Internet

- Site de la Cour européenne des droits de l'homme : www.echr.coe.int.
- Site du Conseil de l'Europe : www.coe.int/fr.
- Site de la base de données HUDOC (*Human Rights Documentation*) : https://hudoc.echr.coe.int.

BIBLIOTHEQUE UNIVERSITAIRE AVIGNON

Achevé d'imprimer en mars 2019 par la Nouvelle Imprimerie Laballery
Dépôt légal : avril 2019 – N° d'impression : 903196 – *Imprimé en France*